W0191577

Rose-Marie Nöcker

Sprossen und Keime

Der Garten im Zimmer

Originalausgabe

WILHELM HEYNE VERLAG
MÜNCHEN

HEYNE KOCHBUCH
07/4325

15. Auflage
(1. Auflage dieser Ausgabe)

Copyright © 1981 by Wilhelm Heyne Verlag GmbH & Co. KG, München
Printed in Germany 1991
Umschlaggestaltung: Atelier Ingrid Schütz, München
Umschlagbild: Biokosma, Konstanz
Gesamtherstellung: Ebner Ulm

ISBN 3-453-40309-6

Inhaltsverzeichnis

Alle Rezepte sind für vier Personen berechnet.

Abkürzungen:

EL = Eßlöffel
TL = Teelöffel

Vorwort

Es waren einmal chinesische Bauern, die segelten den Jangtsekiang hinauf, auf der Suche nach gutem Ackerland. Ihr Segelboot war beladen mit Proviant, Gerät und mit Sojabohnen für die Aussaat.

Nach vielen Wochen der anstrengenden Fahrt steuerten die Bauern wohlbehalten ihrem Ziel am oberen Flußlauf mit seinen fruchtbaren Ufern entgegen.

Doch da gerieten sie unverhofft in Stromschnellen, und es kamen Sturm und Regen auf. Oft sah es so aus, als würden sie in den reißenden Fluten untergehen. Nur mit äußerstem Einsatz hielten sie sich über Wasser. Bald ging auch der Proviant zu Ende, ihre Kräfte ließen nach, sie litten Hunger und hatten Todesangst. In ihrer Not erinnerten sich die Bauern ihrer Bohnenkerne, sie stürzten zu den Säcken und rissen sie auf. Durch die Nässe an Bord hatten die Bohnen ausgeschlagen, und die Säcke waren voller Keime.

Doch die Bauern aßen in ihrem Hunger diese unbekannten Triebe. Und siehe da – die Keime schmeckten köstlich, und sie stählten die Segler derartig, daß sie mit neuem Mut die Segel hissen und mit voller Kraft die Ufer ansteuern konnten.

Wohlbehalten erreichten die Bauern das neue Land. Und da sie die Bohnensprossen von Stund' an immer gegessen haben, leben sie heute noch in China, wenn sie nicht gestorben sind . . .

Einleitung

Sprossen haben eine lange Tradition.

Schon dreitausend Jahre vor Christi Geburt verschrieb der damalige Kaiser *Seng-Nung* in seinem Buch über Heilpflanzen seinem Volk die gesundheitsspendenden Sprossen.

Wir kennen Sojabohnensprossen aus der chinesischen Küche; heutzutage kann man die Bohnensprossen auch bei uns kaufen.

Es ist jedoch sehr einfach, die Sprossen selbst zu züchten, nicht nur aus Bohnen, sondern auch aus Luzernen, Linsen, Kichererbsen, Getreide, Senf, Kresse und Sonnenblumen.

Das ist nur ein Anfang, eine kleine Auswahl, denn im Grunde können wir alle Keimlinge, die aus Samen gewachsen sind und in bezug auf Schadstoffe überwacht werden, essen, außer denen von Tomaten und Kartoffeln (Nachtschattengewächse).

Keimlinge schmecken köstlich, ihr Geschmack entspricht in verfeinerter Weise dem der ausgereiften Frucht. Da die Kosten der Landwirtschaft, des Transports, der Lagerung und Verpackung wegfallen, sind die selbstgezüchteten Sprossen auch viel billiger als alle Gemüse auf dem Markt; zudem sind sie frischer als alles, was wir kaufen können.

Gekeimte Samen haben einen enormen Nährwert. Jeder Samen birgt unter seiner schützenden Schale Nahrungsreserven für die Zeit seines Wachstums.

Wenn der Samen sich beim Einweichen mit Wasser auflädt, kommt es zu einer Umsetzung, die durch Enzyme bewirkt wird. Es beginnt ein Stoffwechsel, und die im Samen enthaltenen Grundsubstanzen aktivieren sich zu Vitaminen, Mineralien, Kohlehydraten und Proteinen, die den Keim nähren, bis er sich nach der Entwicklung seiner Wurzeln und Blättchen mit deren Hilfe versorgen kann.

Wenn wir Sprossen essen, profitieren wir von der ›Supernahrung‹, die für das entscheidende erste Wachstum der Pflanze bestimmt ist. Es ist nachgewiesen, daß diese Konzentration von Nahrungsenergien im späteren Pflanzenleben nie wieder erreicht wird. Der Vitamin-C-Gehalt in der Luzerne etwa steigt in den ersten 72 Stunden um 500 %, der Vitamin-A-Gehalt um 300 % und der an Vitamin E um 33 %.

Kein Wunder, daß bei Dr. Ann Wigmore in Amerika im Hippocrates-Institut in Boston Sprossen und Keime auch im Kampf gegen Krebs eingesetzt werden.

Der Aufwand für die Sprossenzucht ist sehr gering. Samen ist einfach zu lagern, er nimmt wenig Platz ein und behält viele Jahre seine Keimfähigkeit. Darum kann man in Notzeiten, bei Expeditionen und z. B. auf Schiffen jederzeit Samen auf kleinstem Raum in hochwertige Nahrung verwandeln.

Als Anfänger brauchen Sie nur ein Einmachglas, ein Gummiband und ein wenig Kunststoffgaze. Die vorgeweichten Samen werden im Einmachglas feucht gehalten und wachsen dann wie in einem Mini-Treibhaus.

Wichtig ist, daß Sie zur Keimung nur Samen aus biologisch-dynamischem Anbau kaufen.

Es ist schwierig, Samen zu finden, der nicht chemisch behandelt ist. ›Qualitätssamen‹ wachsen mit chemischer Düngung und werden auch mit Mischungen aus Insektiziden und Fungiziden präpariert, dadurch soll Krankheiten und Ernteverlusten vorgebeugt werden. Reformhäuser führen aber Samen, auf deren Sauberkeit und Keimfähigkeit man sich verlassen kann (siehe Anhang).

Sie könnten auch zum Kochen bestimmte Hülsenfrüchte keimen lassen. Aber das ist zu riskant, weil diese Kerne oft gerissen oder gespalten sind. Tote Samen sprießen nicht, aber sie gären nach dem Einweichen und beeinträchtigen das Wachsen der anderen Keime.

Das Saatgut läßt sich sehr lange verwahren, wenn es dunkel, trocken und kühl gelagert wird. Ich habe mir einen kleinen Vorrat in etikettierten Glasdosen angelegt, auf denen ich Einkaufsdatum und den Namen des Saatgutes vermerkt habe.

Wußten Sie, daß man in Grabkammern einiger ägyptischer Pyramiden Samenkörner gefunden hat, die noch nach Tausenden von Jahren keimfähig waren?

Die Sprossenzucht

Vier Grundfaktoren beeinflussen das Keimen von Samen:
1. Licht
2. Feuchtigkeit
3. Temperatur
4. Luftzirkulation

Für optimales Wachsen sollte das Licht gleichmäßig, indirekt und zimmerhell sein. Mit der Aufnahme der Feuchtigkeit beginnt der Samen seinen Wachstumsprozeß.

Der aufgehende Samen, der Keim, muß gleichmäßig feucht gehalten werden. Wenn Keime zu naß liegen, faulen sie. Die günstigste Mitteltemperatur ist 21° C.

Beim Wachstumsprozeß werden Gase frei, die durch die Luftzirkulation bzw. durch die Spülung der Keime mit Wasser entfernt werden müssen.

Sprossenfamilien

Wir können Samen nach botanischen Gesichtspunkten ordnen, aber bei der Sprossenzucht vereinfacht es die Arbeit, wenn sie nach ihren typischen Keimmerkmalen geordnet werden.

I. Kleinse Samen (Luzerne, Senf, Sesam, Rettich etc.)

Sie wachsen sehr schnell und werden gegessen, wenn sich die ersten beiden Blättchen gebildet haben. Diese Samen können auch gemischt werden und zusammen in einem Glas wachsen.
Die Sprossen schmecken köstlich in Salaten, eingewickelt in Omelettes, sie ergänzen Suppen und geben Saucen, Brotaufstrichen und Füllungen einen besonderen Geschmack.

II. Getreide (Hafer, Gerste, Weizen, Roggen etc.)

Die Körner entwickeln während des Keimens einen süßlichen Geschmack; sie eignen sich sehr gut zum Backen oder zum Mischen ins Müsli. Über Salate gestreut oder in Füllungen werden sie eine angenehme geschmackliche Überraschung sein.

III. ›Weiche‹ Bohnen (grüne Linsen, grüne Soja-bohnen)

Nichts ist einfacher, als diese beiden Hülsenfrüchte zu keimen. Wir können sie nicht nur in einem Einmachglas keimen, sondern es lassen sich auch ohne weiteres grö-ßere Mengen auf einmal in einem Eimer züchten.

IV. Feste Hülsenfrüchte (Kichererbsen, Garten-erbsen)

Wenn Sie genügend Erfahrung haben, werden Sie auch diese Samen keimen können; sie haben einen herrlichen Geschmack und sind sehr nahrhaft. Kichererbsen entwik-keln beim Keimen – vor allem bei warmem Wetter – Gase, die, wie später beschrieben, entfernt werden müssen.
Es lohnt sich, mit diesen Sprossen so lange zu experimen-tieren, bis sie unter Ihrer Obhut gut wachsen.

V. Schleimbildende Samen (Flachs, Kresse, Leinsamen)

Wenn wir diese Samen einweichen, geben sie einen Schleim ab und kleben zusammen. Darum ist es am besten, sie in einem flachen Gefäß nur anzufeuchten (4 Stunden) und sie anschließend auf einem mit Wasser getränkten Moltontuch zum Sprießen zu bringen.

Die Sprossenzucht in der Praxis

Erster Tag:

Nehmen Sie ein Weckglas von 1½ l und füllen Sie es mit einer Tasse gewaschener grüner Sojabohnen (1 Tasse Bohnenkerne ergibt 4 bis 5 Tassen Sprossen).

Das Wasser muß gefiltert werden, damit Schadstoffe wie Bakterien und Gifte entfernt werden. Unser Wasser wird zwar ständig kontrolliert, und es ist keimarm, aber nicht keimfrei. Beim Filtern wird dem Wasser auch Calciumcarbonat entzogen. Waschen Sie den Samen 3- bis 4mal sehr gründlich, damit Staub und leere Hülsen ausgespült werden.

Weichen Sie dann die Samen in 4 Tassen gefiltertem Wasser ein und lassen Sie die Bohnen über Nacht weichen.

Anmerkung: Gießen Sie das Einweichwasser nicht weg. Es ist mit Vitaminen und Mineralien angereichert; Sie können es für Suppen verwenden, es trinken oder Ihre Pflanzen damit gießen.

Zweiter Tag:

Die Bohnenmasse hat sich während des Einweichprozesses nahezu verdoppelt. Achten Sie auf die Blasen an der Oberfläche des Einweichwassers, sie zeigen an, daß Energie freigesetzt wird und der Keimprozeß begonnen hat. Schütten Sie die Bohnen in ein Sieb und übergießen Sie sie mit lauwarmem Wasser; wenn ein einzelner Samen sich nicht vergrößert hat, entfernen Sie ihn, da er offensichtlich nicht keimfähig ist.

Geben Sie die Bohnen in das Weckglas, verschließen Sie es mit der Kunststoffgaze und stülpen Sie das Glas um. Stellen Sie es in eine Schräglage, damit verbleibendes Wasser herauslaufen und Luft einströmen kann. Stellen Sie das Glas an einen Platz mit gleichmäßiger Temperatur von ca. 21° C und normalem Licht. Abends lassen Sie handwarmes Wasser in das Glas laufen, bis zu etwa 3 cm über die Bohnen. Lassen Sie die Bohnen dann 10 bis 15 Minuten im Wasser ziehen. Die Bohnen haben ihre Haut gesprengt, und die Hülsen schwimmen auf dem Wasser. Fischen Sie sie heraus, bevor Sie das Tränkwasser abgießen. Dann stürzen Sie das verschlossene Glas wieder und lassen die Samen ruhen.

Dritter Tag:

Weitere Bohnen haben ihre Haut verloren; verfahren Sie wie am Vortag und tränken Sie die Sprossen.

Vierter, fünfter und sechster Tag:

Ihre Arbeit wird von Tag zu Tag einfacher: Sie beobachten das Wachstum, und Sie kosten täglich die aufgehende Saat. Wenn irgendein Geruch von Fäulnis aufkommt, waschen Sie die Bohnen besonders sorgsam und gießen Sie sie in ein breites Gefäß, damit sie frei atmen können, dann spülen Sie die Sprossen in diesem Fall mit *kaltem* Wasser, ehe Sie sie in das Glasgefäß zurückgießen.

Sie beobachten nun, daß aus der einen Tasse Bohnenkerne fast ein ganzes Weckglas voller Sprossen geworden ist. Dementsprechend müssen Sie jeweils für hinreichend Ausdehnungsraum in den Gefäßen sorgen.

Sie sollten überdies die Zuchtgefäße und deren Abdeckung alle 14 Tage auskochen, um die eventuelle Bildung von Bakterien zu verhindern.

Grundsätzlich können alle Samen im Einmachglas gekeimt werden. Große Portionen können auch ohne weiteres in Plastikeimern gezogen werden. Sie müssen aber immer für genügend Feuchtigkeit und Luftzirkulation sowie für die richtige Temperatur sorgen.

Eine Ausnahme machen Samen wie Kresse, die beim

Einweichen Schleim bilden. Diese Samen sollten auf feuchtem Tuch in einer flachen Schale gekeimt werden, und Sie sollten sie mehrmals täglich mit Wasser besprengen.

Ich benütze für diese Samen, auch für Senf, am liebsten das Bio-Snacky-Keimgerät (siehe Anhang). Dieses Minigewächshaus besteht aus drei übereinanderstehenden Schalen, einem Deckel und einer Wasserauffangschale. In die obere Schale wird ½ l Wasser gegossen. Dieses Wasser läuft dann durch kleine Röhrchen in die einzelnen Schalen, befeuchtet die Samen und wird unten wieder aufgefangen. Die Samen werden gleichmäßig gewässert und bleiben länger feucht, weil sie in einem geschlossenen Gefäß sind. Man braucht nur einmal täglich zu gießen. Wenn Sie andere Samen im Bio-Snacky-Gerät keimen wollen, müssen Sie sich an die Gebrauchsanweisung halten.

Grundregeln

1. Halten Sie die Sprossen feucht, aber nicht naß.
2. Achten Sie auf eine gleichmäßige Temperatur (ca. 21° C).
3. Spülen Sie die Sprossen regelmäßig, mindestens 2mal täglich, möglichst immer zur gleichen Zeit.
4. Lassen Sie den Sprossen hinreichend Ausdehnungsraum zum Atmen und Wachsen.
5. Stellen Sie die Sprossen, die Blättchen entwickelt haben, in indirektes Licht; erst 2 bis 3 Stunden vor der Zubereitung sollten Sie sie in helles Licht stellen, damit die Chlorophyllbildung zunimmt.

Was ist die Ursache,
wenn die Samen nicht keimen?

1. Die Samenqualität ist schlecht (der Samen ist zu alt, verletzt oder falsch gelagert).
2. Die Samen sind in den Keimgefäßen zu trocken gehalten.
3. Die Samen faulen, sie sind zu feucht gehalten.
4. Die Samen gehen nicht auf, weil die Temperatur zu niedrig ist.
5. Die Samen entwickeln zu viele Gase:
    a) mangelhafte Belüftung,
    b) sie sind nicht sorgfältig gewässert,
    c) sie sind zu dicht in ein Gefäß gepreßt,
    d) die Temperatur ist zu hoch.
6. Die Samen haben allzuviel Licht bzw. Sonne.
7. Die Sprossen haben kein sauberes Wasser.
8. Die Sprossen wachsen in einem Metallgefäß.
9. Im Sprossengefäß oder im Sieb haben sich Bakterien angesammelt; die Geräte müssen ausgekocht werden.
10. Die Sprossen sind insgesamt zu lieblos behandelt worden (vgl. a. das Buch ›Das geheime Leben der Pflanzen‹).

Sprossen und Kinder

Mein Kindheitserlebnis mit einer Sprosse war eine gekeimte Bohne in meiner Schwammdose. Aber ich steckte diese Bohne nicht in den Mund, sondern ich bewunderte sie und konnte nicht fassen, was mit ihr geschehen war.

Viele Kinder wachsen in der Stadt auf, und die Ferienzeit reicht bei weitem nicht aus, um ihnen die Natur, in der wir leben, wirklich näher zu bringen. Ich halte es für eine wunderbare Hilfe auf dem Weg zum Verständnis der Natur, Kinder auf den ›Sprossenweg‹ zu schicken.

Wenn sie auch nur einen Samen durch ihr Zutun ›erweckt‹ haben und diesen dann auch essen, werden sie schon einen guten Teil des Zusammenhangs zwischen Natur und Nahrung verstanden haben.

Schon dank ihrer Neugierde sind Kinder einer neuen Nahrung gegenüber meistens vorurteilslos und aufgeschlossen. Wenn Kinder zu Mitversorgern der Familie werden, indem sie Sprossen züchten, werden sie stolz sein, und der Sprossenteller wird immer leer gegessen werden.

Die Ernte

Wenn Sie alle Grundregeln eingehalten haben, wird Ihre Ernte prächtig sein. Die Sprossen sind knusprig frisch und haben zarte, hellgrüne Blättchen.

Alle Ernten fallen verschiedenartig aus, und Sie müssen die Pflanzen immer gut beobachten. Abgesehen von allen Ratschlägen und Richtlinien werden Sie Ihre eigenen Erfahrungen machen.

Kosten Sie die Sprossen während der einzelnen Wachstumsphasen und essen Sie sie dann, wenn sie Ihnen am besten schmecken.

Bei der Ernte gießen wir die gewaschenen Sprossen in eine flache Glasschüssel und verlesen sie. (Es kann vorkommen, daß ein Samen nicht aufgegangen ist. Dieser hat seine ursprüngliche Härte behalten und es wäre unangenehm, darauf zu beißen.)

Nach der Ernte

Stellen Sie die Sprossen in der Schüssel auf die Fensterbank ans Licht, möglichst auf einen Untersatz, damit Licht von allen Seiten Zugang hat. Im Sommer decken Sie die Pflanzen mit einem Stück durchsichtiger Plastikfolie ab, damit die Keime nicht zuviel Feuchtigkeit verlieren und austrocknen. Wenn Sie die Sprossen nicht sofort essen (dies gilt auch für Reste), füllen Sie sie in ein gut verschlossenes Plastik- oder Glasgefäß und stellen Sie sie in den Kühlschrank. Sprossen keimen sogar dort weiter, verlieren aber vom 12. Tag an, gerechnet vom Wachstumsbeginn, Nahrungsenergie, abgesehen vom Vitamin-C-Gehalt, der noch in den letzten Tagen leicht ansteigt.

Wie auch immer das Rezept nun heißt, vergessen wir nicht, daß Sprossen zarte, lebende Pflanzen sind. Jedes Kochen würde die Nahrungskraft und die Energie, die nur in einer lebenden Pflanze existieren, vermindern. Deshalb essen wir Sprossen und Keime am sinnvollsten roh. Geben Sie Sprossen wie ein Gewürz an alle Ihre Gerichte, bis Sie sich an den Geschmack gewöhnt haben und sie dann gern roh essen.

Um den Wert der Sprossen zu erhalten, gart man sie im Sieb über Dampf oder im Topf bei kleinster Flamme mit wenig Fett und Flüssigkeit.

In diesem Buch fehlen Fleischrezepte. Dank meiner Erfahrungen mit der Sprossenzucht habe ich mich mehr und mehr fleischlos ernährt und biete Ihnen darum auch nur Rezepte an, die ich selbst ausprobiert habe und die für mich eine ausreichende und befriedigende Ernährung darstellen.

Sprossen enthalten nicht nur hochwertigere Proteine als Fleisch, sondern man sollte auch bedenken, daß etwa 10 kg Getreide verfüttert werden müssen, um 1 kg Rindfleisch zu ›produzieren‹. Zudem ist, wie wir wissen, bei uns das angebotene Fleisch mit Hormonen, Antibiotika und diversen Schadstoffen aus der Fütterung belastet.

Sie können jedes meiner Rezepte selbstverständlich auch mit Fleisch ergänzen. Ein Kochbuch sollte ohnehin nur Anregungen und Richtlinien vermitteln.

Seitdem ich Sprossen züchte, habe ich eine veränderte Einstellung zu allem Lebenden gewonnen. Es ist nicht nur so, daß ich mich glücklich fühle, Pflanzen zu züchten und sie in meiner nächsten Umgebung wachsen zu sehen, sondern ich spüre auch, daß Sprossen meiner Gesundheit und meinem Körper wohltun. Es ist mir eine befriedigende Bestätigung, daß auch wissenschaftliche Untersuchungen über den Nährwert von Sprossen zu entsprechenden Ergebnissen kommen.

Warum Sprossen?

Sprossen sind preiswerter als jedes andere Gemüse.

Sprossen sind das frischeste Gemüse.

Sprossen schmecken köstlich.

Sprossen haben einen sehr hohen Nährwert: Vitamine, aufgespaltene Proteine, in Traubenzucker umgewandelte Stärke, Fette, die in Glycerine umgewandelt sind, Spurenelemente, Mineralien und kaum Kohlehydrate.

Sprossen sind voller Enzyme, die unseren Stoffwechsel fördern.

Sprossen wachsen in 3 bis 6 Tagen in unserem Zimmergarten und machen so gut wie keine Arbeit.

Sprossen machen uns unabhängig von jeder Jahreszeit, ebenso von Teuerungen.

Sprossen machen uns gesund und glücklich.

Geräte für die Sprossenzucht

Einfache Einmachgläser

Gummiringe

Weißer Fliegendraht zum Verschließen der Gläser (erhältlich in Haushaltwarengeschäften)

Siebe in verschiedenen Größen

Moltontuch zum Keimen auf feuchtem Tuch oder ein Bio-Snacky-Keimgerät aus dem Reformhaus

Unter den Sieben, die zum Waschen der Sprossen dienen, sollte auch ein kleines aus rostfreiem Stahl sein, das in einen Topf mit kochendem Wasser gehängt wird, um die Sprossen darin im Dampf wärmen zu können.

1 Mixer:
In vielen Rezepten ist ein Mixer zum Zerkleinern von Gemüsen und Sprossen erwähnt.
Wenn wir pürierte Gemüse essen und sie in Saucen oder Suppen zu uns nehmen, entlasten wir unsere Verdauung. Ersatzweise genügt auch ein großer Handmörser.

Sie brauchen außerdem:
eine große Schüssel zum Waschen der Sprossen und gut verschließbare Gläser oder Plastikdosen für die Aufbewahrung der Sprossen im Kühlschrank.

Bezugsquellen für hochkeimfähigen Samen:

Im Normalfall erhalten Sie Samen mit hoher Keimfähigkeit für die Sprossenzucht in Reformhäusern.
Sollte Ihr Reformhaus den gewünschten Samen oder den Bio-Snacky-Keimapparat nicht führen, können Sie direkt bestellen bei

Biokosma GmbH
Postfach 5509
7750 Konstanz 12

Wenn Sie Samen kaufen, fragen Sie immer nach solchen für die Keimung und Sprossenzucht. Es gibt zum Beispiel Weizen von hervorragender Eßqualität, der auch biologisch-dynamisch gewachsen ist, aber nicht unbedingt gut keimt.

Wichtig:

Samen aus Samenfachgeschäften ist zur Freilandzucht bestimmt. Mit Chemikalien behandelte Samen dürfen nicht für die Sprossenzucht verwendet werden, denn sie könnten giftig sein. Im Boden werden diese chemischen Stoffe während der normalen Wachstumszeit abgebaut, bei der Sprossenzucht im Glas jedoch nicht.

Grundrezept für
Sprossensuppen und -saucen:

Der Grundstock für jede gute Sauce oder auch zum Garen von Gemüsen ist eine kräftige *Gemüsebrühe*.
Gemüsebrühe hält sich im Eisschrank 5 Tage.

4½ l Wasser,
2 große Zwiebeln, jeweils
mit einer Nelke gespickt,
2 Stangen Lauch,
geviertelt,
2 Möhren, geviertelt,
¼ Sellerieknolle,

2 Stangen Bleichsellerie,
1 Petersilienwurzel,
2 Lorbeerblätter,
6 Pfefferkörner,
3 Knoblauchzehen,
ungeschält,
Salz nach Geschmack

Geben Sie alle Zutaten in einen großen Suppentopf und kochen Sie sie mindestens 4 Stunden bei kleinster Flamme.
Sieben Sie die Brühe durch; sie soll auf 6 Tassen eingekocht sein.
In dieser Grundbrühe lassen sich alle Sprossen wärmen.
Die Gemüsesuppe läßt sich nun mit Sahne binden und mit Gewürzen verfeinern.
Geben Sie die Sprossen – beispielsweise Bohnen-, Linsen-, Luzernen-, Getreide- oder Kichererbsensprossen – nur kurz in die Suppe, damit sie knusprig frisch bleiben und ihren Nährwert behalten.

Grüne Sojabohne (Phaseolus radiatus)

Verwechseln Sie die grünen Sojabohnen nicht mit den gelben, aus denen Sojamehl, Sojamilch und der japanische Bohnenquark Tofu gewonnen werden.

Seit Jahrtausenden züchten Chinesen die kleinen grünen Sojabohnen zu Sprossen und bereiten daraus die köstlichsten Gerichte.

Beginnen wir unsere Sprossenzucht mit der Sojabohne.

Die grüne Sojabohne, von der hier immer die Rede ist, gedeiht auch ganz vorzüglich im Dunkeln. Experimentieren Sie, wie der Geschmack sich, je nachdem, ob die Sprossen im Hellen oder im Dunkeln wachsen, verändert.

Im Sommer sollten Sojabohnensprossen immer kalt gespült werden, weil sie dazu neigen, Gase zu entwikkeln, die sich kalt besser wegspülen lassen.

Der Geschmack der Sojabohnensprosse ist erbsenähnlich und sehr knackig.

Nach der Keimung von 5 Tagen ist der Sproß reich an Vitamin A und C, der Gehalt an den Mineralien Calcium, Phosphor und Eisen ist erheblich gestiegen.

Sprießmethode: im Glas, hell oder dunkel
Einweichzeit: 12 Stunden
Temperatur: 20–25° C
Gießen: 2- bis 4mal täglich
Ernte: nach 4–5 Tagen
Länge des Keimlings: 4 cm
Ertrag: 1 Tasse Samen ergibt 4–5 Tassen Sprossen

Sojabohnensprossen-Spaghetti-Salat

Lassen Sie die Sojabohnensprossen bis auf knapp 5 cm wachsen.

4 Tassen Sojabohnen-
sprossen,
200 g Spaghetti, gekocht
Sauce:
3 Tomaten, gehäutet und
püriert,
1 EL Öl, kalt gepreßt,
1 Prise Oregano,

1 kleine Zwiebel,
gerieben,
1 TL Selleriesalz,
Pfeffer nach Geschmack,
1 Knoblauchzehe,
1 EL frisch gehacktes
Basilikum,
2 EL Käse, frisch gerieben

Vermischen Sie die Salatzutaten in einer Schüssel. Verrühren Sie die Saucenzutaten und gießen Sie diese Sauce über den Salat.

Gut durchziehen lassen, damit die Sauce die Spaghetti säuern kann.

Als *Variante* können Sie anstelle der Spaghetti 250 g Glasnudeln nehmen.

Sojabohnensprossensuppe

6 Tassen Gemüsebrühe,
1 EL Maizena,
¼ Tasse Wasser,
½ TL Honig,
Salz nach Geschmack,
1 EL Tamarisauce,
1 EL Sherry,

2 Tassen Sojabohnen-
sprossen,
2 Eigelb,
4 EL saure Sahne,
2 Lauchzwiebeln,
fein geschnitten,
2 EL Sesamkörner

Gießen Sie die Gemüsebrühe in einen Suppentopf. Das
mit dem Wasser verrührte Maizena beigeben.
Lassen Sie die Suppe langsam kochen, bis sie eindickt.
Dann schmecken Sie die Suppe ab und geben die Sojasprossen in den Topf. Lassen Sie das Ganze 3 Minuten
simmern.
Vermischen Sie Sahne und Eigelb miteinander und binden
damit die Suppe, die nun nicht mehr kochen darf.
Mit Lauchzwiebeln garnieren und mit den Sesamkörnern
bestreut in vorgewärmten Tassen servieren.

Bohnenpüreesuppe mit Sojabohnensprossen

250 g Bohnen, über Nacht geweicht,
1½ l Salzwasser,
1 Knoblauchzehe,
2 EL Öl, kalt gepreßt,
1 Möhre, fein gewürfelt,
1 Zwiebel, fein geschnitten,

200 g Spinat, in feine Streifen geschnitten,
1½ Tassen Sojabohnen-sprossen,
1 Töpfchen saure Sahne,
3 EL Petersilie

Waschen Sie die Bohnen unter fließendem Wasser gründlich und weichen Sie sie über Nacht ein.

Die Bohnen im Salzwasser mit der Knoblauchzehe kochen und anschließend abschäumen. Dünsten Sie Möhre und Spinat mit der Zwiebel im Öl, bis sie gar sind. Streichen Sie die Bohnen durch ein Sieb. Geben Sie dann das Bohnenpüree mit den angedünsteten Gemüsen in einen Topf und lassen Sie alles 5 Minuten ziehen. Erst dann fügen Sie die Sojabohnensprossen hinzu.

Servieren Sie die Bohnenpüreesuppe mit einem Tupfer saurer Sahne, bestreut mit Petersilie.

Marinierte Sojabohnensprossen

4 Tassen Sojabohnen-
sprossen,
1 Möhre, in kleine Stifte
geschnitten,
5 schwarze Oliven,
geviertelt
Marinade:
3 EL Pflanzenöl, kalt
gepreßt,

3 EL Weinessig,
1 Knoblauchzehe, gepreßt,
2 EL Sojasauce,
1 Lorbeerblatt, zerstoßen,
½ TL Ingwer, frisch
gerieben,
150 g Glasnudeln

Blanchieren Sie die Möhren kurz in Salzwasser. Geben
Sie die Sprossen in einen Steintopf und lassen Sie sie über
Nacht in der Marinade ziehen.
Kochen Sie die Nudeln und vermischen Sie sie mit den
marinierten Sprossen, Möhren und Oliven. Ergibt eine
vorzügliche Vorspeise.

Reissalat mit grünen Sojabohnensprossen

*1½ Tassen Sojabohnen-
keime,
1 Tasse Linsensprossen,
2 Tassen Reis, gekocht,
25 g getrocknete Pilze,
1 kleine Salatgurke*
Sauce:
3 EL Öl, kalt gepreßt,

*3 EL Zitronensaft,
2 EL Sherry,
2 EL Sojasauce,
1 EL Reiswein,
Salz nach Geschmack,
2 TL Sesamkörner*

Übergießen Sie die Pilze mit kochendem Wasser und lassen Sie sie 20 Minuten ziehen.

Halbieren Sie die geschälte Gurke und entfernen Sie mit einem Teelöffel die Samen. Dann schneiden Sie sie in 2 cm dicke Halbmonde. Vermischen Sie die Salatzutaten in einer Schüssel. Bereiten Sie die Sauce aus den angegebenen Zutaten und übergießen Sie damit den Salat. Vermischen Sie alles und stellen Sie den Salat für 30 Minuten in den Kühlschrank. Den Reissalat auf grünen Salatblättern anrichten und mit den Sesamkörnern überstreuen.

Grüner Bohnensalat mit Sojabohnensprossen

250 g grüne Bohnen
(Haricots verts),
2 Tassen Sojabohnen-
sprossen,
2 gehäutete Tomaten, in
Scheiben geschnitten,
6 Champignonköpfe, in
Scheiben geschnitten
Sauce:
1 EL Sesamöl,

1½ EL Maisöl,
2 EL Weinessig,
2 Schalotten, fein
geschnitten,
2 Anchovisfilets, fein
geschabt,
Salz und frisch gemahlener
Pfeffer nach Geschmack,
2 EL Petersilie zum
Bestreuen

Die Bohnen werden in sprudelndem Salzwasser kurz
gekocht und dann kalt abgeschreckt. Geben Sie alle
Zutaten in eine Salatschüssel. Bereiten Sie dann die
Salatsauce. Übergießen Sie den Salat mit der Sauce und
lassen Sie alles gut durchziehen, ehe Sie den Salat servieren. Die Petersilie ergänzt den Bohnengeschmack.

Apfel-Gemüse-Sojasprossen-Salat

1 Tasse Sojabohnenkeime,
1 Tasse Weißkohl, fein
geschnitten und
blanchiert,
1 Apfel, gewürfelt,
2 EL Rosinen, geweicht,

Sauce:
1 Becher saure Sahne,
2 EL Apfelessig,
1 TL Honig,
1 Prise Salz,
2 EL Rosinen

Geben Sie alle Salatzutaten in eine Schüssel.
Rühren Sie dann die Sauce an und gießen Sie sie über den
Salat. Servieren Sie diesen auf grünen Blättern, bestreut
mit den Rosinen.

Möhrengemüseeintopf mit Sojasprossen

2 Tassen Sojabohnen-
sprossen,
4 Tassen Möhrenwürfel,
2 mittelgroße Zwiebeln,
gewürfelt,
2 Stangen Sellerie, fein
geschnitten,

4 Tassen Reis, gekocht,
3 EL Öl,
1 EL Sojasauce,
Salz nach Geschmack,
2 EL Kresse

Sautieren Sie Zwiebeln, Sellerie und Möhren im Öl. Dann den Reis untermischen und würzen.

Wärmen Sie die Sojasprossen in einem Sieb im Wasserdampf und mischen Sie sie ganz zum Schluß vorsichtig mit Holzlöffeln unter den Eintopf. Besprengen Sie das Gericht mit Kresse.

Sojabohnensprossenmüsli

1 Tasse Sojabohnen-
sprossen,
1 Apfel, fein gewürfelt,
2 Bananen, in Scheiben
geschnitten,

3 EL Zitronensaft,
3 EL Datteln, klein-
geschnitten,
3 EL Nüsse, geraspelt,
2 Becher Joghurt

Beträufeln Sie Äpfel und Bananen mit dem Zitronensaft,
damit sie nicht braun werden.
Vermischen Sie alle Zutaten, füllen Sie sie in Schalen und
verteilen Sie den Joghurt über das Müsli.

An sehr kalten Wintertagen beginne ich den Tag wie die
Japaner mit einer heißen Suppe. In Reformhäusern gibt es
leichte vegetarische Gemüsesuppen, die mit kochendem
Wasser aufgebrüht werden.
Wenn Sie in so eine Suppe ungekochte Sojasprossen
streuen, wird Ihr Frühstück Sie kräftigen und dennoch
nicht belasten.

Sojabohnensprossenomelett

1 EL Sesamöl,
1 mittelgroße Zwiebel,
gehackt,
3 Tassen Sojabohnen-
sprossen,

6 Eier, leicht verquirlt,
½ EL Sonnenblumenöl,
Salz und Pfeffer nach
Geschmack,
2 EL Kresse

Dünsten Sie die Zwiebel in Öl glasig und lassen Sie die Sprossen in der Pfanne warm werden. Erhitzen Sie eine Eisenpfanne und gießen Sie das Öl hinein. Sobald es raucht, die Flamme abstellen.

Schütten Sie vom Rand her die Eier in die Pfanne und bereiten Sie das Omelett. Lassen Sie dann die Eierspeise auf eine vorgewärmte Platte gleiten, schütten Sie die Zwiebelsprossenmischung darüber und klappen Sie das Omelett zu.

Mit der frischen Kresse bestreut servieren.

Pilzomelett mit Sojabohnensprossen

8 Eier,
4 EL Sesamöl,
1 Tasse Champignons, in
feine Streifen geschnitten,
1 Zwiebel, in feine Würfel
geschnitten,
1 Tasse Sojabohnen-
sprossen,

Salz und frisch gemahlener
Pfeffer nach Geschmack,
1 Knoblauchzehe,
gepreßt,
1 EL Butter,
2 EL gehackte Petersilie

Erhitzen Sie eine Eisenpfanne. Geben Sie das Öl hinein und sautieren Sie Zwiebel und Champignons.

Die Eier verquirlen, würzen und Pilze, Zwiebel und Sprossen in die Eimasse geben.

Lassen Sie die Butter in einer Pfanne schmelzen. Gießen Sie dann die gemischte Eimasse hinein und lassen Sie diese stocken. Die Mitte des Omeletts muß weich bleiben.

Lassen Sie das Omelett auf eine vorgewärmte Platte gleiten und servieren Sie es mit der Petersilie überstreut.

Kalte Tomatensuppe mit Sojabohnensprossen

4 Tassen Gemüsebrühe
(s. S. 27),
3 reife Tomaten,
Salz und frisch gemahlener

Pfeffer nach Geschmack,
1 TL frische Kräuter,
1 Tasse Sojabohnen-
sprossen

Pürieren Sie die geschälten Tomaten im Mixer in der Gemüsebrühe. Würzen Sie die Suppe, füllen Sie sie in Schalen und streuen Sie dann die Sojabohnensprossen hinein.

Diese Suppe schmeckt köstlich an heißen Sommertagen, und man kann sie selbstverständlich mit allen Sprossen ergänzen.

Möhrencremesuppe mit Sojabohnensprossen

2 EL Sesamöl,
3 Tassen Möhren, in feine
Scheibchen geschnitten,
1 Zwiebel, in Würfel
geschnitten,
2 kleine Kartoffeln, in
Würfel geschnitten,
4 Tassen Milch,
angewärmt,

1 Tasse Sojabohnen-
sprossen,
1 Knoblauchzehe, gepreßt,
1 geriebener Apfel,
Salz nach Geschmack,
1 TL Honig,
2 EL Kresse,
4 EL Crème fraîche

Kochen Sie die Kartoffeln in 2 Tassen Wasser. Dünsten Sie die Möhren und die Zwiebeln im Öl sehr sanft gar. Geben Sie die Milch mit den leicht abgekühlten Gemüsen und den Kartoffeln samt Kochwasser in einen Mixer und zerkleinern Sie diese. Anschließend geben Sie die pürierten Gemüse mit den Gewürzen und dem geriebenen Apfel in den Topf zurück und lassen alles einmal aufkochen. Jetzt mischen Sie die Sojabohnensprossen in die Suppe. Die Suppe in angewärmte Suppenteller füllen, jeweils einen Tupfer Crème fraîche in die Mitte geben und mit Kresse bestreuen.

Erbsenpüree mit Sojabohnensprossen

200 g gelbe Erbsen, über
Nacht geweicht,
2 Zwiebeln,
Gewürznelke,
Lorbeerblatt,
Gewürzsträußchen,

Pfeffer und Salz nach
Geschmack,
2 EL Butter,
1½ Tassen (grüne)
Sojabohnensprossen,
1 EL Petersilie

Die Erbsen im Einweichwasser aufsetzen und die Zwiebeln und die anderen Gewürze beigeben. Lassen Sie die Suppe 1 bis 2 Stunden kochen, bis die Erbsen ganz weich sind. Dann passieren Sie die Erbsen durch ein Sieb. Die Butter hineinrühren und zum Schluß die Sprossen in die nicht mehr kochende Suppe geben.
Überstreuen Sie das Püree mit Petersilie oder mit gebräunten Zwiebelringen.

Sojabohnensprossensalat

je ½ Tasse Möhren,
geraspelt,
Sellerie, geraspelt,
Zwiebeln, fein
geschnitten,
1 Tasse Sojabohnen-
sprossen,
2 EL Sonnenblumenkerne,
2 EL Rosinen,

2 EL Weizenkeime
Salatsauce:
4 EL Öl, kalt gepreßt,
1 EL Sojasauce,
1 EL Honig,
2 EL Zitronensaft,
1 Prise Kümmel,
1 Prise Pfeffer,
2 EL Kräuter Ihrer Wahl

Mischen Sie die Salatzutaten in einer größeren Schüssel. Aus den angegebenen Zutaten eine Salatsauce bereiten und über den Salat gießen.

Gurkensalat mit Sojabohnensprossen

1 Tasse Sojabohnen-
sprossen,
3 EL Kresse,
1 kleine Gurke, in feine
Scheiben geschnitten,
3 EL Schweizer Käse,
geraspelt,
6 Oliven, geviertelt

Sauce:
2 EL Sesamöl,
1 EL Weißwein,
1 Knoblauchzehe, frisch
gepreßt,
1 kleine Schalotte,
gerieben,
Salz und Pfeffer nach
Geschmack

Salzen Sie die Gurke, lassen Sie sie ziehen und pressen Sie
das Wasser aus.
Mischen Sie die Zutaten in einer Schüssel. Die Saucenzutaten werden gut verrührt und dann über den Salat
gegossen. Sofort servieren.

Fenchelsalat mit Sojabohnensprossen

1 Fenchelknolle, geraspelt,
2 mittelgroße Möhren,
geraspelt,
1–2 Tassen (grüne) Soja-
bohnensprossen,
1 Tomate, geschält und
gewürfelt
Salatsauce:
(Flüssigkeit nach Bedarf)

1 Avocado, ausgelöst,
2 TL Zitrone,
1 kleine Zwiebel, fein
geschnitten,
1 EL Sojasauce
3 EL Sonnenblumenkerne,
2 EL Petersilie

Mischen Sie den Salat in einer Schüssel.
Geben Sie, mit der Flüssigkeit beginnend, die Zutaten für
die Salatsauce in den Mixer und schlagen Sie alles zu einer
Creme. Füllen Sie den Salat in Schalen und überstreuen
Sie ihn mit den Sonnenblumenkernen und der Petersilie.
Die Sauce wird in einer kleinen Schüssel extra gereicht.

Chicorée-Sojabohnensprossen-Salat mit Krabben

3 Kolben Chicorée, in feine Scheiben geschnitten,
1 Tasse Sojabohnen-sprossen,
1 Tasse Krabben,
2 EL Sonnenblumen-sprossen

Sauce:
2 Tomaten, gehäutet,
½ Avocado,
3 EL saure Sahne,
½ Orange, ausgepreßt,
Pfeffer und Salz nach Geschmack,
1 TL Sojasauce

Mischen Sie die Salatzutaten in einer Schüssel und verteilen Sie sie dann in Portionsschalen. Bereiten Sie die Salatsauce, indem Sie die Zutaten im Mixer zerkleinern. Gießen Sie die Sauce über den Salat und garnieren sie mit Petersilie.

Blumenkohl mit Möhren und Sojabohnensprossen

1 kleiner Blumenkohl,
3 Möhren, in feine Streifen
geschnitten,
1 EL Sesamöl,
2 Tassen Sojabohnenspros-
sen, in Dampf gewärmt

Sauce:
½ l Holländische Sauce
(Rezept nachstehend),
6 EL frisch geriebener
Holländer,
3 EL Kresse

Ofen auf Mittelhitze vorheizen. Zerpflücken Sie den Blumenkohl und lassen Sie ihn kurz in Salzwasser kochen; dann kalt abschrecken.
Die Möhren werden kurz im Öl gedünstet.
Bereiten Sie dann die Sauce.
Legen Sie die Gemüse in eine feuerfeste Form und übergießen Sie sie mit der Sauce. Streuen Sie den Käse dick darüber und überbacken Sie das Gericht 15 Minuten lang.
Servieren Sie das Gemüse mit Kresse überstreut.

(Unechte) Holländische Sauce

40 g Butter oder Pflanzen-
margarine,
40 g Vollkornmehl,
¼ l Fleischbrühe (Instant)
oder wahlweise das
Gemüsekochwasser,

¼ l Milch,
Salz,
Muskat,
Zitronensaft,
1 Eigelb, verquirlt,
20 g Butter

Butter oder Margarine in einem Topf zerlassen, das Mehl einstreuen und gut durchschwitzen lassen. Die heiße Fleischbrühe unter ständigem Rühren nach und nach hinzufügen, ebenso die Milch. 5 Minuten kochen und mit Salz, Muskat und Zitronensaft würzen. Zum Schluß das verquirlte Eigelb und die Butter mit dem Schneebesen hineinschlagen.

Gemüseeintopf mit Sojabohnensprossen

3 EL Öl,
2 Tassen Kohlblätter, fein geschnitten und blanchiert,
1 Zwiebel, fein geschnitten,
2 Stangen Lauch, in feine Streifen geschnitten,
2 Möhren, in feine Streifen geschnitten,
1/4 Sellerie, in feine Streifen geschnitten,
1 Tasse Champignons, fein geschnitten,

1 Tasse Sojabohnensprossen
Sauce:
2 EL Tamarisauce (oder Sojasauce),
2 EL Weißwein,
1 Knoblauchzehe, gepreßt,
1 Frühlingszwiebel, sehr fein geschnitten,
1/2 Tasse Gemüsebrühe,
250 g Bandnudeln, gekocht

Sautieren Sie die Gemüse in heißem Öl in Einzelportionen, damit diese knackig bleiben. Die Sojabohnensprossen werden in Dampf gewärmt. Vermischen Sie die Zutaten der Sauce in einem Gefäß und gießen Sie diese dann über die Gemüse, die darin 5 Minuten ziehen sollen. Erst zum Schluß geben Sie die Sojabohnensprossen in das Gemüse, das nicht mehr kochen sollte, damit die Sprossen nicht ihre Frische verlieren.
Braten Sie die Bandnudeln in Öl und servieren Sie dazu das frische warme Gemüse.

Luzerne (Medicago sativa/Alfalfa)

Schon lange bevor Ernährungswissenschaftler den hohen Vitamingehalt der Luzerne entdeckten, vor allem in deren Keimen, war sie als Energiefutter für Pferde bekannt.

Die Wurzeln der Luzerne können bis zu 20 Meter tief in den Boden wachsen, und das ist mehr, als die Wurzeln von großen Bäumen schaffen. Welche Kraft muß in diesen winzigen Samen sitzen!

Es ist nicht verwunderlich, daß Experten die Alfalfasprosse als ›Königin‹ der Sprossen bezeichnen. Alle wichtigen Vitamine, vor allem D, E, G, K und U, sind darin enthalten, ebenso wie die zellaufbauende Aminsoäure und die Spurenelemente Phosphor, Eisen, Calcium, Magnesium, Kalium, Natrium und Aluminium.

Alfalfasprossen werden gegessen, wenn ihre kleinen Blättchen entwickelt und grün sind; in diesem Stadium haben sie zudem noch einen erhöhten Chlorophyllwert.

Ißt man die Sprossen schon vorher, so sind deren Proteine besonders stark konzentriert.

½ Tasse Luzernensprossen hat den Vitamin-C-Gehalt von 6 Tassen Orangensaft.
Keimmethode: Im Glas oder auf angefeuchtetem Tuch
Temperatur: 22° C
Gießen: 2mal täglich
Länge des Keimlings: 2,5–3,5 cm
Ernte: nach 3–5 Tagen
Ertrag: 3 EL Samen ergeben 4 Tassen Sprossen

Spinatsuppe mit Luzernensprossen

1 l Gemüsebrühe,
500 g Spinat,
2 Kartoffeln, klein-
geschnitten,
1 Frühlingszwiebel, in
feine Streifen geschnitten,
1 EL Öl,

Salz und frisch gemahlener
Pfeffer nach Geschmack,
½ Tasse saure Sahne,
1 Tasse Luzernensprossen,
jeweils einmal durch-
geschnitten

Den gut gesäuberten Spinat in Salzwasser blanchieren,
die Kartoffeln kochen. Die Frühlingszwiebeln sautieren.
Pürieren Sie die gegarten Kartoffeln und hacken Sie den
Spinat sehr fein.
Die vorbereiteten Zutaten in einen Suppentopf mit der
heißen Gemüsebrühe geben und würzen.
Füllen Sie die Suppe in vorgewärmte Teller, geben Sie je
einen Klecks Sahne in die Mitte der Suppe und streuen Sie
die kalten Sprossen darüber.

Luzernensprossen mit Avocadocreme

1 Tasse geraspelte Sellerie-
knolle, mit Zitrone
beträufelt,
2 Tassen Luzernen-
sprossen,
1 Tasse Kressesprossen,
1 Tasse gekochter Reis
(braun)

Sauce:
1 Tasse Apfelsaft,
1 großer Apfel, geschält
und geviertelt,
1 Avocado, entkernt und
gehäutet,
Salz nach Geschmack
1 TL Honig

Luzernensprossen, Sellerieknolle, Kresse und Reis in einer Schüssel vermischen.
Die Saucenzutaten im Mixer zu einer sämigen Creme schlagen, dabei mit dem Saft beginnen.
Auf Salatblättern in Schalen anrichten und die Sauce getrennt servieren.

Champignonsuppe mit Luzernensprossen

1 EL Sesamöl,
200 g Champignons,
200 g Champignonpüree,
4 Tassen Gemüsebrühe
(s. S. 27),
1 Tasse Sahne,
2 EL Sherry,

Salz und frisch gemahlener
Pfeffer nach Geschmack,
1 Tasse Luzernensprossen,
jeweils einmal durch-
geschnitten,
1 EL Kresse

Sautieren Sie die feinblättrig geschnittenen Champignons in Öl. Die anderen Champignons durch den Fleischwolf drehen oder sehr klein hacken.

Alle Zutaten mit der Gemüsebrühe in einen Topf geben und auf kleinster Flamme ca. 5 Minuten ziehen lassen (nicht kochen).

Die Suppe in vorgewärmte Teller gießen und die Luzernensprossen dazugeben.

Süßer Luzernensprossensalat

2 Tassen Luzernen-
sprossen,
3 Nektarinen, zerteilt,
2 EL Rosinen, geweicht,
3 EL Sonnenblumenkeime

Apfelsauce:
2 Äpfel, geschält und
geviertelt,
½ Tasse Apfelsaft,
1 Banane, zerteilt,
1 Prise Zimt

Verteilen Sie die Sprossen in Schalen und legen Sie mit den Nektarinenteilen einen Kranz darum.
Gießen Sie jeweils in die Mitte der Sprossen, gleichsam in die Nesthöhle, die Apfelsauce, die Sie im Mixer geschlagen haben. Streuen Sie Rosinen und Sonnenblumenkeime darüber und bestäuben Sie den Salat mit Zimt.

Müsli mit Luzernensprossen

1 Tasse geriebenes
Schwarzbrot,
1 Tasse Roggensprossen,
zerkleinert,
2 kleine Äpfel, gerieben,

1 EL Zitrone,
2 EL Mandeln, gestoßen,
1 Tasse Luzernensprossen,
1 Joghurt, mit Honig gesüßt

Vermischen Sie die Zutaten in einer Schale und lassen Sie
sie kurz durchziehen. Füllen Sie das Gemisch in Schälchen, streuen Sie die Luzernensprossen darüber und
übergießen Sie dann alles mit dem Joghurt.

Haferflockensuppe mit Luzernensprossen
(Vitamin-C-Stoß)

1 l Wasser,
6 EL Haferflocken,
Salz nach Geschmack,

1 EL Butter,
½ l Milch,
1 Tasse Luzernensprossen

Lassen Sie die Haferflocken in Salzwasser eine halbe Stunde auf sehr kleiner Flamme köcheln, bis ein dicker Brei entstanden ist; dann schlagen Sie die Butter hinein. Gießen Sie den Brei in Teller, überschütten Sie ihn mit kalter Milch und verteilen Sie die Sprossen darüber. Dieses Gericht erscheint sicherlich ungewohnt, aber es gibt kaum ein magenfreundlicheres Frühstück.

Luzernensprossenomelett

6 Eiweiß, steif geschlagen,
6 Eigelb, verquirlt,
¼ Tasse süße Sahne oder
Milch,
Salz nach Geschmack,

3 EL frisch geriebener
Holländer,
1 Handvoll Luzernen-
keime,
1½ EL Sonnenblumenöl,
3 EL Kresse

Mischen Sie Eigelb, Milch (bzw. Sahne), Salz und Käse in einer Schüssel; ziehen Sie das Eiweiß und die Luzernen-sprossen unter.

Erhitzen Sie eine Eisenpfanne und gießen Sie das Öl hinein. Die Hitze abstellen, das Eigemisch hineingeben und dieses stocken lassen.

Mit einem breiten Holzspatel das Omelett auf einen vorgewärmten Teller heben, mit der Kresse bestreuen und zusammenklappen. Guten Appetit.

Kalte Suppe mit Luzernensprossen

2 Tassen kalte Gemüse-
brühe (s. S. 27),
1 Tasse Möhrensaft,
2 geschälte Avocados,

1 TL Zitronensaft,
Pfeffer und Salz nach
Geschmack,
1 Tasse Luzernensprossen

Die Avocados in der Flüssigkeit pürieren und würzen. Die
Suppe in Tassen gießen und mit den Luzernensprossen
bedecken.

Erdbeerpüree mit Luzernensprossen

250 g Erdbeerpüree,
125 g Puderzucker,
100 g Fruchtzucker,
½ Zitrone, ausgepreßt,
8 g weiße Gelatine, einge-
weicht, ausgedrückt und
aufgelöst,

¼ l süße Sahne,
geschlagen,
1½ Tassen Luzernen-
sprossen

Mischen Sie den Puderzucker, den Zitronensaft, die Gelatine und die Sahne unter das Erdbeerpüree und verrühren
Sie die Masse gut. Spülen Sie kleine Glasschalen mit
kaltem Wasser aus, legen Sie dann die Luzernensprossen
auf den Boden und gießen Sie das Erdbeerpüree darüber.
Dieses Dessert 2 Stunden im Eisschrank fest werden
lassen.

Gemüsesuppe mit Luzernensprossen

2 EL kalt gepreßtes Öl,
15 Schnee-Erbsen*, fein
geschnitten,
1 Tasse Möhren, fein
geschnitten,
1 Tasse Champignons, fein
geschnitten,
½ Tasse Sellerie, fein
geraspelt,
2 Frühlingszwiebeln, fein
geschnitten,

6 Tassen Gemüsebrühe
(s.S. 27),
Salz nach Geschmack,
1½ Tassen Luzernen-
sprossen,
3 EL Kressesprossen,
3 EL frisch geriebener Käse,
nach Geschmack etwas
Sojasauce

Dünsten Sie die Gemüse, beginnend mit den Schnee-Erbsen, unter ständigem Rühren in Öl.

Stellen Sie dann die Flamme klein, gießen Sie vom Rand her die Brühe auf und lassen Sie die Gemüse 8 Minuten simmern. Danach salzen. Tauchen Sie nun die Sprossen kurz in die heiße Brühe und vermischen Sie den Käse mit der Kresse. Das Kresse-Käse-Gemisch als Würze zur Suppe reichen.

---

* Schnee-Erbsen sind auf Großstadtmärkten und in Ostasienläden erhält-lich. Es handelt sich dabei um zarte Erbsen in der Schale. Wahlweise können auch frische, feine Erbsen verwendet werden.

Rote-Bete-Salat mit Luzernensprossen

2 mittlere rote Bete
2 Tassen Luzernensprossen
Salatsauce:
4 EL Sesamöl,
1 EL Weinessig,
1 kleine geriebene
Zwiebel,

1 kleine Knoblauchzehe,
gepreßt,
1 EL Sojasauce,
2 EL Sesamsamen (2 Tage
gekeimt)

Bürsten Sie die roten Bete sauber und kochen Sie sie etwa eine halbe Stunde, bis sie fast gar sind.
Die Früchte schälen und in kleine Stückchen schneiden.
Bereiten Sie die Salatsauce und gießen Sie sie über die noch warmen Rote-Bete-Stückchen.
Legen Sie je ein Salatblatt auf Glasteller und darauf die Luzernensprossen. Formen Sie in der Mitte der Sprossen Vertiefungen und füllen Sie diese mit den roten Beten auf.
Überstreuen Sie den Salat mit den Sesamkeimen.

Champignonsalat mit Luzernensprossen

2 Tassen Champignons,
fein geschnitten,
2 Tassen Luzernen-
sprossen,
1 Tasse Käsewürfel,
1 Tasse Tomatenwürfel,
2 EL Sonnenblumenkerne,
2 EL Kresse

Sauce:
4 EL Öl, kalt gepreßt,
1 EL Zitronensaft,
1 EL Weinessig,
Salz und frisch gemahle-
ner Pfeffer nach
Geschmack,
1 gepreßte Knoblauchzehe

Vermischen Sie die Zutaten in einer Schüssel, rühren Sie
die Salatsauce an und ziehen Sie diese unter den Salat.
Servieren Sie den Salat auf grünen Blättern.

Birnen mit Luzernensprossen

2 mittelgroße Birnen,
4 Kugeln Vanilleeis,

4 EL Himbeerpüree,
1 Tasse Luzernensprossen

Die halbierten Birnen werden kurz mit Vanillezucker gedünstet.

Die ausgekühlten Birnen in Schälchen geben, mit dem Eis füllen, darauf die Luzernensprossen legen und schließlich die Himbeermasse darübergießen. Ein ganz ungewöhnlicher, exquisiter Nachtisch.

Obstsalat mit Luzernensprossen

1 Orange, in Würfel geschnitten,
2 Clementinen, gewürfelt,
1 Banane, gewürfelt,
1 Apfel, gewürfelt,
4 EL Rosinen,
4 EL Sonnenblumensprossen,
1 ausgepreßte Zitrone,
1 ausgepreßte Orange,
2 Tassen Luzernensprossen,
250 g Sahne, geschlagen

Vermischen Sie das Obst und gießen Sie die Säfte darüber. Bereiten Sie auf einem großen Teller ein Bett von Luzernensprossen, verteilen Sie darauf den Obstsalat und geben Sie anschließend die Sahne in kleinen Tupfern darüber.

Luzernensprossenbrot

1 große Kartoffel, in Würfel
geschnitten,
2 Tüten Hefe,
½ Tasse Honig,
3 EL Sesamöl,

2 TL Salz,
8 Tassen Vollkornmehl,
ungebleicht,
3 Tassen Luzernensprossen

Ofen auf Mittelhitze vorheizen. Die Kartoffeln in 4 Tassen Wasser kochen. Sobald sie gar sind, zusammen mit dem Kochwasser in den Mixer geben und pürieren.
Die Hefe in warmem Wasser lösen. Mengen Sie nach und nach alle Zutaten zusammen, kneten Sie diese gut durch, bis das ganze Mehl verbraucht ist. Zuletzt die Luzernensprossen in den Teig arbeiten, der nun an einen warmen Platz gestellt wird, bis er sich nach ca. 45 Minuten auf etwa das Doppelte vergrößert hat. Teilen Sie den Teig, geben Sie ihn in je eine gefettete Kastenform und backen Sie ihn bei Mittelhitze im Ofen 1½ Stunden lang.

Spinatsalat mit Luzernensprossen

500 g zarter Spinat,
2 Tassen Luzernen-
sprossen,
2 Tomaten, in kleine
Stücke geschnitten,
2 EL Sesamsamen
Sauce:
½ Tasse Sprudelwasser,

100 g Spinat,
4 EL Kresse,
1 Avocado,
½ TL frisch geriebener
Ingwer,
1 EL Tamarisauce

Waschen Sie die Spinatblätter sorgfältig, dann schneiden Sie sie der Länge nach in breite Streifen. Mischen Sie die Zutaten in einer Schüssel und die Saucenzutaten in einer anderen. Für die Sauce geben Sie das Wasser in einen Mixer und pürieren darin Spinatblätter, Avocado und Kresse. Den Spinatsalat in Schalen füllen und mit der gewürzten Salatsauce übergießen.

Avocados mit Luzernensprossenfüllung

2 vollreife Avocados,
2 Tassen Luzernen-
sprossen,

1 EL Zitronensaft,
Pfeffer und Salz nach
Geschmack

Halbieren Sie die Avocados und höhlen Sie sie aus, ohne die Schale zu verletzen.
Pürieren und würzen Sie das Fruchtfleisch.
Füllen Sie die Sprossen in die Avocadoschalen und übergießen Sie sie mit der Creme.
Als *Variante* können Sie die Avocados statt mit Pfeffer und Salz auch mit 100 g Zucker, 2 EL Zitronensaft und einigen Spritzern Cointreau würzen. Dieses Dessert muß sehr kalt serviert werden.

Senfsamen (Brassica)

Senfsamen ist teuer, aber er ist so würzig, pikant und schmackhaft, daß er nicht fehlen darf.
Senfsprossen haben u. a. eine gute Heilwirkung bei der Regeneration der Darmflora und bei Hautkrankheiten.
Man kann Senfsamen 2 bis 3 Tage im Glas keimen lassen und ihn dann auf feuchtem Tuch oder im Bio-Snacky-Gerät zu kleinen Pflänzchen züchten, die einen hohen Chlorophyllgehalt haben.

Keimmethode: Glas und feuchtes Tuch
Temperatur: 21–26° C
Länge des Keims: 1 cm
Höhe der Pflanze: 3 cm
Ernte: nach 2 Tagen oder nach 5–7 Tagen
Einweichzeit: 4–6 Stunden
Gießen: 2mal täglich, nicht zu stark

Kaum ein Gewürz ist von so kräftiger Intensität wie Senfsprossen. Im Winter wird jede Salatsauce, jede Suppe gerade durch dieses Gewürz eine neue Geschmacksrichtung erhalten.

Senfsprossenbutter

250 g Butter,
Salz nach Geschmack,
1 Knoblauchzehe, gepreßt,

2 EL Senfsprossen, fein
gehackt

Vermischen Sie die Butter mit Salz, Knoblauch und den gehackten Sprossen und würzen Sie sie mit etwas Zitronensaft. Reichen Sie die Butter zu gekochtem Fisch, zu frischen jungen Kartoffeln oder auch als Brotaufstrich.

Senfsprossenquark

400 g Quark,
1 EL Tomatenpüree,
2 EL Kressesprossen,
2 EL Senfsprossen,
1 Knoblauchzehe, gepreßt,
2 Schalotten, fein
gerieben,

Pfeffer, frisch gemahlen
und
Salz nach Geschmack,
2 EL Sesamöl,
Salatblätter und Tomaten-
stückchen als Garnierung

Geben Sie den Quark in eine Schüssel und verrühren Sie ihn kräftig mit dem Tomatenpüree, danach mit den Gewürzen und schließlich mit den Sprossen.
Zum Schluß ziehen Sie das Sesamöl unter und servieren den Quark auf den Salatblättern mit Tomatenstückchen.

Senfsprossen und süßer Quark

3 EL Senfsprossen,
400 g Quark,
1 Töpfchen süße Sahne,
geschlagen,
2 EL Rosinen, geweicht,

2 EL Pinienkerne,
1 Banane, gewürfelt,
1 TL Zitronensaft,
1 TL Honig

Den Quark mit der Sahne verrühren und dann die süßen Zutaten hineinmischen.

Füllen Sie die Quarkspeise in eine flache Schale und überstreuen Sie sie mit den Senfsprossen.

Wenn Sie Pfannkuchen mit dieser ungewöhnlich schmeckenden Masse füllen, werden Sie eine Überraschung erleben. Der süße und der herbe Geschmack im warmen Pfannkuchen sind von seltener Harmonie.

Eiercreme mit Senfsprossen

4 Eier, hartgekocht,
2 Schalotten, gerieben,
2 EL Pflanzenmargarine,
2 EL Sesamöl,
½ rote Paprikaschote, in
sehr feine Würfel
geschnitten,

1 EL Kresse,
2 EL Senfsprossen,
Salz und frisch gemahle-
nen Pfeffer nach
Geschmack

Drehen Sie alle Zutaten durch den Fleischwolf, eventuell sogar zweimal, um eine weiche Paste zu erzielen, die sich gut streichen läßt. Mit dieser Eierpaste bestrichenes Knäkkebrot schmeckt köstlich.

Aber auch Salatblätter, Tomaten oder mit dieser Eiercreme gefüllte, ausgehöhlte Reinetten sind eine Delikatesse.

Sahne-Senfsprossen-Sauce

2 EL Butter,
1 EL Mehl,
1 Tasse heiße Milch,
2 Eigelb,
4 EL geriebener Käse, mild,

1 Tasse saure Sahne,
2 EL Kresse,
2 EL Senfsprossen,
Salz und Pfeffer aus der
Mühle nach Geschmack

Lassen Sie die Butter in einem Eisentopf aus und verrühren Sie das Mehl darin. Mit einem Schneebesen die heiße Milch hineinschlagen und einmal aufkochen lassen, so daß die Sauce abbindet. Die Sauce vom Feuer nehmen, das Eigelb, den Käse und die Sahne hineinrühren und abschmecken.

Vor dem Servieren die Senfsprossen in die Sauce streuen und gut durchrühren.

Vor allem verlorene Eier schmecken herrlich in dieser Sauce.

Rote Bete mit Senfsprossen

4 mittelgroße rote Bete
Sauce:
1 EL Sesamöl,
½ Zitrone, ausgepreßt,

3 EL Crème fraîche,
Pfeffer und Salz nach
Geschmack,
2 EL Senfsprossen

Die roten Bete in Salzwasser kochen, schälen und in kleinste Stifte schneiden.

Bereiten Sie die Salatsauce und übergießen Sie die roten Bete damit; 2 Stunden durchziehen lassen.

Füllen Sie den Salat in Schüsselchen und überstreuen Sie ihn mit den Senfsprossen.

Schmorgurken mit Senfsprossen

4 EL Essig,
1 l Wasser,
2–3 Gurken,
2 EL Öl,
1 EL Agar-Agar,

1 Töpfchen saure Sahne,
Salz nach Geschmack,
2 TL Honig,
1 Prise Curry,
2 EL Senfsprossen

Die Gurken schälen und halbieren, entkernen und der Breite nach in 2 cm dicke Scheiben schneiden. Marinieren Sie die Scheiben 6 Stunden in Essigwasser.

Die abgetropften Gurken werden im Öl angeschmort, mit Agar-Agar überstäubt und mit ein wenig Essigwasser abgelöscht. Köcheln Sie die Gurken 10 Minuten, dann rühren Sie vorsichtig die Sahne und die Gewürze darunter.

Vor dem Servieren die frischen Sprossen über das Gurkengemüse streuen.

Kresse (Lepidium sativum)

Die schnellwachsende Kresse (lat.: crescere = wachsen)
ist ein köstliches Gewürz. Der Geschmack ist schon im
Samen so intensiv, daß er, gemahlen, ein gutes Trocken-
gewürz ergibt, das anstelle von Salz verwendet werden
kann. Die Einweichzeit bei Kresse soll nur 4 bis 5 Stunden
betragen. Die kleinen Körnchen lassen das Wasser schlei-
mig werden, und sie kleben leicht zusammen.
Waschen Sie den Samen nach dem Quellen in einem
Haarsieb oder geben Sie ihn ins Bio-Snacky-Gerät oder
auf ein feuchtes Tuch. Kresse hat sehr viel Vitamin C.
Wenn Sie die Kresse mit Wurzel und Samen essen, regt sie
die Darmtätigkeit an.

Keimmethode: Feuchtes Tuch oder Bio-Snacky-
Gerät
Temperatur: 12–21° C
Einweichzeit: 4 Stunden
Gießen: 2mal täglich
Ernten: nach 7 Tagen
Ertrag: 1 EL Kresse ergibt 1 1/2 Tassen Sprossen
Länge der Sprossen: 3,5 cm

Kresse ist ein wunderbares Salatgewürz, das auch Saucen
und Suppen bereichert und immer im Haus sein sollte. Sie
schmeckt aber auch herrlich auf Butterbrot oder als
Gewürz in Gemüsesäften.

Champignon-Kresse-Salat

3 Tassen Champignons, in feine Scheiben geschnitten,
2 EL Zitronensaft,
2 kleine Tomaten, gehäutet,
1 Tasse Luzernensprossen,
1 Tasse Kressesprossen
Salatsauce:
2 EL Sahne,

2 Stangen Sellerie, in Stücke geschnitten,
1 Avocado, entkernt und ausgehöhlt,
1 rote Paprika, fein gehackt,
1 kleine Zwiebel,
Salz und Pfeffer nach Geschmack

Beträufeln Sie die Champignons mit dem Zitronensaft. Schneiden Sie die Tomaten in kleine Würfel und mischen Sie alle Salatzutaten in einer Schüssel.

Füllen Sie dann alle Saucenzutaten mit der Sahne und etwas Wasser in einen Mixer und pürieren Sie alles, bis eine weiche Sauce erzielt ist.

Reichen Sie die Salatsauce in einer kleinen Schüssel extra. Es sieht sehr nett aus, wenn Sie den Champignonsalat auf grünen Salatblättern servieren.

Kressesprossenbutter

250 g Butter,   *1 EL Dill,*
1 EL Petersilie,   *Salz nach Geschmack,*
1 EL Estragon,   *3 EL Kresse, fein gehackt*

Überbrühen Sie die Kräuter und schrecken Sie sie kalt ab. Dadurch lassen sie sich besser weiterverarbeiten. Die Kräuter grob hacken und mit der Butter durch ein Sieb passieren.

Dann die Kräuterbutter salzen und die Kressesprossen daruntermischen.

Reichen Sie diese Kressebutter als Brotaufstrich oder zu gekochtem Fisch.

Käsesuppe mit Sprossen-Allerlei

4 Tassen Gemüsebrühe
(s. S. 27),
1 Tasse Crème fraîche,
300 g alter Goudakäse, fein
gerieben,
2 EL Sojasauce,
frisch gemahlener Pfeffer
und Salz nach Geschmack,

1 Eigelb,
2 EL Luzernensprossen,
einmal
durchgeschnitten,
2 EL Weizensprossen,
3 EL Kressesprossen,
1 EL Senfsprossen

Geben Sie die Gemüsebrühe und die Sahne in einen Suppentopf. Rühren Sie bei lauer Hitze den Käse hinein, bis sich alles zu einer weichen Masse bindet.
Streuen Sie die Sprossen hinein und wärmen Sie sie bei kleiner Hitze. Servieren Sie die Suppe in gewärmten Suppenschalen.

Kressecremesuppe

1 l Gemüsebrühe, aufge-
kocht (s. S. 27),
5 Eigelb, verschlagen,
1 Töpfchen Crème fraîche,

Pfeffer und Salz nach
Geschmack,
1 Tasse Kressesprossen

Verquirlen Sie die Sahne mit dem Eigelb und arbeiten Sie diese Zutaten in die vom Feuer genommene Gemüsebrühe. Würzen Sie die Suppe mit den Kressesprossen und lassen Sie das Ganze 3 Minuten ziehen. Füllen Sie die Suppe in gut gewärmte Suppenteller.
Eine Köstlichkeit voller Vitamine und Würze.

Eissalat mit Kressesprossen

1 kleiner Eissalat,
2 EL Kressesprossen,
1 Tomate
Sauce:
200 g Champignons,

Saft von 1 Zitrone,
125 g Crème fraîche,
1 EL Sojasauce,
Pfeffer und Salz nach
Geschmack

Teilen Sie den Eissalat in vier gleiche Stücke und legen Sie
je ein Stück auf einen Teller.
Hacken Sie die Champignons zu einem feinen Mus.
Würzen Sie die Crème fraîche und mischen Sie dann alle
Zutaten zusammen, so daß eine cremige Sauce entsteht.
Gießen Sie die Sauce kurz vor dem Servieren über den
Salat und bestreuen Sie ihn mit Kressesprossen.
Legen Sie der hübschen Farbe wegen kleine Tomatendek-
kelchen auf den Salat und beträufeln Sie alles mit dem
Zitronensaft.

Kressefüllung

250 g Spinat, fein gehackt und blanchiert,
2 EL Öl,
1 Zwiebel, fein gehackt,

1 Tasse Kresse,
2 EL Pinienkerne,
3 EL Rosinen, geweicht,
Salz nach Geschmack

Den Spinat durch den Fleischwolf drehen. Die Zwiebel sehr kurz in Öl andünsten, den Spinat hinzufügen, dann die Kresse und die restlichen Zutaten beigeben. Die Masse auf kleinster Flamme ziehen lassen, bis die Flüssigkeit verdampft ist, und die Füllung abschmecken.

Je nach Jahreszeit kann die Kressefüllung warm oder kalt gegessen werden. Sie schmeckt besonders gut in Tomaten oder auch als Pfannkuchenbelag und eignet sich – eventuell mit Sahne verfeinert – auch als Sauce zu Reis und Spaghetti.

Kressecreme

1 Tasse Kresse, fein gehackt,
1 Töpfchen Cottage-cheese,
1 Zwiebel, fein gerieben,
1 TL Honig,
Salz nach Geschmack,

grober Pfeffer aus der Mühle,
1 Eigelb,
1 Frühlingszwiebel, in sehr feine Ringe geschnitten,
2 EL Mandeln, gehackt

Vermischen Sie zuerst den Käse mit der Kresse, dann die Würze mit dem Eigelb und verrühren Sie alles miteinander. Dann die Zwiebel und die Nüsse unterziehen.
Ein köstlicher, nahrhafter Brotaufstrich und eine interessante Füllung für Pfannkuchen!

Tomaten-Sprossen-Gazpacho
(kalte Suppe)

8 reife Tomaten, geviertelt,
1 Zucchino, in Stücke
geschnitten,
1 rote Paprikaschote,
zerteilt,
1 kleine Zwiebel, in Stückchen geschnitten,
2 Knoblauchzehen,
gepreßt,
1 Frühlingszwiebel,
gehackt,
1 Tasse Wasser, gefiltert,

4 EL Weinessig,
Salz nach Geschmack,
2 TL Paprika,
frisch gemahlener Pfeffer,
2 EL Linsensprossen,
3 EL Sojabohnensprossen,
5 EL Kressesprossen,
3 EL Weizensprossen,
2 hartgekochte Eier,
gehackt,
3 EL Zwiebeln, gehackt,
4 EL Sesamöl

Geben Sie das Wasser in den Mixer und pürieren Sie nacheinander die Gemüse. Geben Sie das Gemüsepüree in eine Schale und mischen Sie die Gewürze hinein. Zum Servieren alle Sprossen sowie die ›Salatzutaten‹ zusammen als Suppe in Schüsselchen füllen.

Sonnenblumenkerne (Helianthus annunas)

Den Inkas war die Sonnenblume das Symbol für Licht, Wärme und Energie.

Wenn die Sonnenblume sich morgens nach Osten wendet, der aufgehenden Sonne entgegen, und ihr bis zum Untergang folgt, tankt sie Energie aus der Wärme und speichert sie in ihrem Samen.

Dabei entwickeln sich Phosphor, Calcium, Eisen, Fluor, Jod, Kalium, Magnesium, Zink, Vitamin D und E, ungesättigte Fettsäuren und bis zu 30 % Protein. Während der Keimung steigert sich der Gehalt dieser wertvollen Stoffe im Samen noch.

Die Sonnenblumensamen müssen zur Keimung geschält werden und sollten *nie länger keimen als 2 Tage, weil sie danach bitter schmecken.*

Keimmethode: Glas
Temperatur: 18–20° C
Gießen: 2mal täglich
Länge des Keimlings: 5–8 mm
Ernte: nach 1–2 Tagen
Ertrag: 1 Tasse Kerne ergeben 2 Tassen Keime

Möhrensalat mit Sonnenblumensprossen

3 Tassen Möhren, fein
geraspelt,
2 EL Sonnenblumenkeime,
1 Apfel, gerieben,
2 EL Korinthen, geweicht
Sauce:
1 Zitrone, ausgepreßt,

4 EL Öl, kalt gepreßt,
2 TL Honig,
2 EL Kressesprossen,
Salz nach Geschmack,
Kresse zum Garnieren

Mischen Sie die Salatzutaten in einer Schale.
Verrühren Sie dann die Saucenzutaten und gießen Sie die
Sauce über den Salat. Gut durchziehen lassen.
Garnieren Sie den Möhrensalat mit Kresse.

Sonnenblumenkeimbutter

200 g Sonnenblumen-   ½ Tasse Wasser,
sprossen,   300 g Butter, weich

Zerkleinern Sie die Sonnenblumenkeime mit Wasser im
Mixer. Dann verkneten Sie die Butter mit der Sprossenpa-
ste. Genießen Sie die Sonnenblumenbutter als Brotaufstrich oder als Füllung für Pfannkuchen und dergleichen.

Sonnenblumensprossensauce

½ Tasse Sprudelwasser,
1 Tasse Sonnenblumen-
sprossen,
2 TL Honig,

1 Orange, ausgepreßt,
2 TL Orangenschale,
gerieben,
1 EL Zitronensaft

Geben Sie das Wasser in den Mixer und schlagen Sie darin alle Zutaten zu einer weichen Sauce. Wenn nötig, mit etwas mehr Wasser verdünnen. Diese Sauce schmeckt zu allen Obstsalaten, aber auch zu Luzernensprossen.

Wenn Sie die Flüssigkeit reduzieren, erhalten Sie eine dicke Creme, die als Brotaufstrich oder als Füllung für Äpfel oder Pfannkuchen verwendet werden kann.

Feldsalat mit Sonnenblumensprossen

150 g Feldsalat,
1 Tasse Sonnenblumen-
sprossen,
1 Frühlingszwiebel, fein
geschnitten
Sauce:
3 EL Essig,

1 EL Honig,
1½ EL Tamarisauce,
2 EL Sesamöl,
1 EL Sherry,
Pfeffer aus der Mühle und
Salz nach Geschmack

Waschen Sie den Feldsalat gründlich und lassen Sie ihn
gut abtropfen.
Dann die Sonnenblumenkeime und die Frühlingszwiebel
daruntermischen.
Die Sauce im Mixer bereiten und unter den Salat mischen.

Salat mit Sonnenblumensauce

2 große Tomaten, gewür-
felt in Stückchen von 1 cm,
1 Salatgurke, entkernt und
gewürfelt,
½ Tasse Frühlingszwie-
beln, sehr fein geschnitten,
½ Tasse Radieschen-
scheiben,
3 EL Kresse,

1 TL Senfsprossen
Sauce:
1 Becher Joghurt,
2 EL Zitronensaft,
2 EL Sonnenblumen-
sprossen,
Salz nach Geschmack,
1 EL Kresse

Vermischen Sie die Salatzutaten in einer Schüssel. Den Joghurt in einen Mixer geben und darin die Salatsauce gut durchschlagen.
Füllen Sie den Salat in Schalen und gießen Sie die Salatsauce darüber.

Sonnenblumenmüsli

1 reife Banane,   *1 Tasse Sonnenblumen-*
2 EL Honig,   *sprossen,*
3 geriebene Äpfel,   *1 Tasse Weizenkeime,*
3 EL Zitronensaft,   *½ Tasse Haferflocken,*
     ½ Töpfchen Joghurt

Zerdrücken Sie die Banane auf einem flachen Teller und schlagen Sie den Honig darunter.

Die Äpfel reiben und mit Zitronensaft beträufeln. Geben Sie die übrigen Zutaten in eine große Schüssel und mischen Sie sie gut durch.

Verteilen Sie Portionen in kleine Schüsseln und bedecken Sie diese mit je einem Löffelchen Joghurt.

Sonnenblumensprossenbällchen

3½ Tassen gemahlene
Sonnenblumenkerne
(2 Tage gesprossen),
100 g geriebener junger
Holländer Käse,
1 Tasse Weizenkeime,
2 Tage gekeimt,
1 Schalotte, fein
geschnitten,

¾ Tasse Milch,
2 EL Petersilie,
Salz und frisch gemahlener
Pfeffer nach Geschmack,
2 Eigelb, verschlagen,
3 Tassen Béchamelsauce

Ofen auf Mittelhitze vorheizen.

Die Weizenkeime durch den Fleischwolf drehen und alle
Zutaten vermischen.

Zum Schluß das Eigelb in die Mischung rühren, kleine
Bällchen aus der Masse formen und diese in eine gefettete
feuerfeste Form legen.

Übergießen Sie die Bällchen mit der Béchamelsauce und
lassen Sie das Gericht bei Mittelhitze 35 Minuten backen.
Die Kugeln sollten innen weich und außen fest sein.

Pikanter Quark mit Sonnenblumensprossen

350 g Quark,
1 Tasse saure Sahne,
2 TL Senfsprossen,
1 TL Kressesprossen,
1 EL Rosinen,

2 EL Pinienkerne,
3 EL Sonnenblumen-
sprossen,
Salz und frisch gemahlener
Pfeffer nach Geschmack

Verrühren Sie den Quark mit der Sahne.
Ziehen Sie dann alle anderen Zutaten unter.
Auf Schwarzbrot oder zu rohen, geraspelten Gemüsen schmeckt dieser Quark köstlich. Sie können ihn auch in ausgehöhlte Tomaten und in Pfannkuchen füllen.

Sonnenblumensprossenpaste

1 Apfel, gerieben,
½ Tasse Apfelsaft,
10 Datteln, entkernt und
kleingeschnitten,

1 Tasse Sonnenblumen-
kerne, 2 Tage gekeimt

Beginnend mit dem Saft, werden die Zutaten in den Mixer gegeben und gut durchgeschlagen. So entsteht eine Paste, die dann zum Durchziehen kalt gestellt wird.

Sie können die Sonnenblumenpaste aufs Brot streichen oder löffelweise zur Kräftigung essen – sie schmeckt in jedem Fall wunderbar.

Sonnenblumensprossenmilch

2 EL Sonnenblumen-
sprossen,
12 ganze Mandeln, mit
Schale,

1 EL Sesamsamen,
1 Tasse Wasser, warm,
gefiltert

Pürieren Sie die Mandeln und den Sesamsamen in einem
Allesschneider oder im Mörser sehr fein.

Dann geben Sie nacheinander 1 Tasse gefiltertes Wasser,
die Sprossen und die pürierten Zutaten in einen Mixer.

Je nachdem, welche Konsistenz Sie erzielen wollen, noch
Wasser hinzugeben.

Gießen Sie diese Sauce über Ihre Frühstücksgetreide-
sprossen. Ein guter Tagesanfang!

Weizen (Triticum sativum)

Weizen spielt bei der Ernährung des Menschen eine größere Rolle als irgendein anderes Getreide.

Weizen ist sehr einfach zu keimen, und die Keime schmecken besonders gut. Während des Keimprozesses nimmt der Nährwert enorm zu; u. a. steigt der Vitamin-C-Gehalt um 600 %. Aber auch Vitamin E, Niacin und Pantothensäure bilden sich in den Keimen und erhöhen deren Nährwert.

Beim Keimen entwickeln die Wurzeln des Weizens einen feinen Flaum, über den Sie nicht erschrecken dürfen. Es handelt sich dabei nicht um Schimmel. Die Sprossen sollten nicht länger werden als der Samen.

Keimmethode: Glas
Temperatur: 21–28° C
Gießen: 2- bis 3mal täglich
Einweichzeit: 12 Stunden
Ernte: nach 3 Tagen
Ertrag: 1 Tasse Körner ergibt 2½ Tassen Sprossen
Länge des Sprößlings: 1 cm

Weizenkugeln

4 Tassen Sprossen (halb
und halb Weizen- und
Roggensprossen),
1 Tasse Luzernensprossen,
½ Tasse Trockenmilch,

1 Tasse Erdnußbutter,
1 Tasse Rosinen, gehackt,
½ Tasse Honig,
4 EL Sesamsamen

Zermahlen Sie die Sprossen in einem Mixer oder Fleischwolf. Geben Sie alle Zutaten in eine Schüssel und kneten
Sie sie ineinander. Sobald Sie eine feste Masse haben,
teilen Sie walnußgroße Portionen ab und formen daraus
Kugeln. Diese wälzen Sie im Sesamsamen. Legen Sie die
Kugeln 3 Stunden in den Kühlschrank, damit sie fest
werden.

Ungebackener Fruchtkuchen
mit Weizensprossen

200 g Datteln, entsteint,
200 g Feigen, zerteilt,
200 g Rosinen, zerteilt,
200 g Mandeln, zerteilt,
200 g Bananen,
getrocknet,

200 g Korinthen,
200 g Aprikosen,
getrocknet und zerteilt,
4 EL Honig,
200 g Weizensprossen

Drehen Sie alle Zutaten außer dem Honig durch einen Fleischwolf. Dann den Honig darunterrühren und den Teig in eine Form drücken.
Stellen Sie den Kuchen für 24 Stunden in den Kühlschrank. Er ist eine besondere Delikatesse!

Weizensprossenfrühstück

2 Tassen Weizensprossen
(3 Tage gekeimt),
1 Tasse Sonnenblumen-
kerne,
3 Äpfel, gerieben und mit

1 EL Zitronensaft
beträufelt,
2 Bananen, in Scheiben
geschnitten,
1 Töpfchen Joghurt,
½ Tasse Rosinen, geweicht

Vermischen Sie die Zutaten in einer Schüssel, geben Sie das Müsli dann in Schalen und streuen Sie die Rosinen darüber.

Energiemüsli

2 EL Roggen,
2 EL Gerste,
4 EL Weizen
Nach 2 Tagen:
3 Äpfel, gerieben,

Saft 1 großen Orange,
1 EL Honig,
1 TL Zimt,
1 Töpfchen saure Sahne

Die Getreidesorten zusammen einweichen und keimen lassen.

Die Getreidesprossen werden in einer Schüssel mit den restlichen Zutaten vermischt und dann mit dem Orangensaft, dem Honig und dem Zimt abgeschmeckt.

Füllen Sie die Masse in Schalen und geben Sie je einen Löffel saure Sahne in die Mitte.

Dieses Müsli soll gut und ausgiebig gekaut werden.

Frühstücksweizensprossencreme

3 Tassen Weizensprossen,   1 Prise Zimt,
¾ Tasse Milch,   1 EL Reformmargarine,
1 Tasse Rosinen,   ¼ Tasse geriebene Nüsse

Kochen Sie die Weizensprossen in der mit Zimt gewürzten Milch auf kleinster Flamme ca. 30 Minuten.
Die Margarine hineinschlagen, die Rosinen untermischen und die Creme in Schalen verteilen. Alles mit den Nüssen bestreuen.
Guten Morgen!

Quarksuppe mit Weizensprossen

250 g Quark,
4 Tassen Buttermilch,
2 Knoblauchzehen,
gepreßt,
Salz nach Geschmack,
2 EL frische Minze, fein
geschnitten,

1 Prise gemahlener
Kümmel,
1 EL Sesamöl,
2 EL Weizensprossen,
2 Tage gekeimt

Die Buttermilch mit dem Quark verquirlen, würzen und die Suppe zum Durchziehen kalt stellen. Vor dem Servieren die Suppe mit den Weizensprossen bestreuen.

Zwiebelsuppe mit Weizenkeimen und Senfsprossen

6 mittelgroße Zwiebeln,
in Scheiben geschnitten,
3 EL Öl, 1 l Wasser,
Salz nach Geschmack,
1 Lorbeerblatt,

1 Petersilienwurzel,
1 Prise Thymian,
1 Möhre, fein geraspelt,
1 Handvoll Weizenkeime,
2 EL Senfsprossen

Die Zwiebeln werden im Öl gedünstet. Das Wasser und die Gewürze hinzugeben und alles 30 Minuten köcheln lassen.

Die Suppe durch ein Sieb streichen und in den Topf zurückgießen. Die Möhre und die Weizenkeime 8 Minuten in der Suppe gar ziehen lassen.

Servieren Sie die Suppe sehr heiß und garnieren Sie sie mit den scharfen Senfsprossen.

Weizensprossensuppe

2 EL Öl,
2 Stangen Lauch, in feine
Ringe geschnitten,
2 Tassen Wirsing, sehr fein
geschnitten und
blanchiert,

1 Tasse Sellerie, geraspelt
und blanchiert,
1 Prise Thymianpulver,
Salz nach Geschmack,
1½ l Wasser,
2 Tassen Weizensprossen,
4 EL Kressesprossen

Dünsten Sie in einer Kasserolle, mit dem Lauch beginnend, die Gemüsezutaten kurz an und würzen Sie sie. Dann das Wasser aufgießen, die Getreidesprossen in die Suppe streuen und kurz aufkochen lassen.

Die Weizenkeimsuppe soll im gut verschlossenen Topf bei kleinster Flamme ca. 45 Minuten quellen.

Füllen Sie die Suppe in Schalen und bestreuen Sie sie mit den Kressesprossen.

Weizensprossensalat

1½ Tassen Weizen-
sprossen,
1 Tasse Luzernensprossen,
½ Tasse Sonnenblumen-
sprossen,
1 Chicorée, in feine
Scheiben geschnitten,
½ rote Paprikaschote, fein
gewürfelt,
1 Apfel, in Würfel
geschnitten

Salatsauce:
4 EL Öl, kalt gepreßt,
2 EL Zitrone,
1 EL Tamarisauce,
1 EL Sesamsamen,
1 Frühlingszwiebel, sehr
fein geschnitten,
1 Knoblauchzehe,
Salz und Pfeffer nach
Geschmack

Verteilen Sie die Salatzutaten in einer Schüssel und
mischen Sie sie gut durch.
Bereiten Sie dann die Salatsauce und gießen Sie diese über
den Salat.

Rettichsalat mit Lachs und Weizensprossen

2 kleine weiße Rettiche,
1 Zwiebel, fein gehackt,
2 Scheiben Räucherlachs,
in feine Streifen
geschnitten,
2 EL Weizensprossen

Sauce:
6 EL saure Sahne,
2 EL Zitronensaft,
Salz nach Geschmack,
2 EL Kressesprossen

Hobeln Sie den Rettich in feine Scheiben und salzen Sie ihn. Nach 10 Minuten den Saft aus dem Rettich pressen. Nun die Salatzutaten in einer Schüssel vermischen. Die Salatmischung auf grünen Salatblättern anrichten und mit den Kressesprossen bestreuen.

Die Sauce anrühren und getrennt servieren.

Dieser Salat hat schon viele Sprossenliebhaber gewonnen.

Chinakohl mit Weizensprossen

1 kleiner Chinakohl, in
feine Streifen geschnitten
und blanchiert,
1 Apfel, gewürfelt,
1 Apfelsine, gewürfelt,
1 Tasse Weizensprossen

Sauce:
4 EL Öl,
1 kleine Zwiebel, fein
gewürfelt,
½ Zitrone, ausgepreßt,
1 EL Sojasauce,
2 EL Kresse oder Petersilie

Vermischen Sie die Salatzutaten in einer Schüssel.
In einer kleinen Kasserolle die Zwiebel glasieren und mit
dem Zitronensaft ablöschen. Jetzt die Sauce fertigrühren,
würzen und noch warm über den Salat gießen.
Servieren Sie den Salat mit Kresse oder Petersilie bestreut.

Weizensprossen-Möhren-Salat

4 Tassen Möhren,
geraspelt,
1 Tasse Weizensprossen,
1 Tasse Sonnenblumen-
sprossen,
1 Tasse Rosinen, geweicht

Sauce:
½ Tasse Orangensaft,
1 EL Zitronensaft,
3 EL Öl, kalt gepreßt,
1 EL Tamarisauce,
1 EL Honig,
1 TL Zimt

Vermischen Sie die Salatzutaten in einer Schüssel.
Dann die Salatsauce anrühren und extra reichen.
Als *Variante* können Sie den Salat mit einer halben Tasse
Hiziki-Algen würzen, die man in Gesundheitsläden kau-
fen kann. Algen sind nicht nur delikat-pikant, sie schen-
ken unserem Körper auch wichtige Mineralien aus dem
Meer.

Weizensprossen-Käse-Salat

2 Tassen Weizensprossen,
½ Tasse Cottage-cheese,
8 Radieschen, fein
geschnitten,
1 Schalotte, fein gehackt,

2 EL Kresse,
Salz und frisch gemahlener
Pfeffer nach Geschmack,
½ Tasse Joghurt oder saure
Sahne

Alle Zutaten außer dem Joghurt in einer Schüssel vermischen und auf grünen Salatblättern anrichten. Jeweils einen Klecks Joghurt oder Sahne daraufgeben.
Mit Joghurt gemischt ergibt dieser Salat eine sehr gute Füllung für große Tomaten.

Weizensprossen-Avocado-Salat

1 Tasse Weizensprossen,
½ Tasse Frühlingszwie-
beln, fein geschnitten,
1 Tasse Sellerie, fein
gewürfelt,
1 Knoblauchzehe, gepreßt,
2 Avocados, entsteint,
geschält und in Streifen
geschnitten

Salatsauce:
2 reife Tomaten, geviertelt,
2 EL Sesamöl,
2 EL Zitronensaft,
Salz und frisch gemahlener
Pfeffer nach Geschmack,
bei Bedarf etwas Wasser,
2 EL Kressesprossen

Schlagen Sie die Saucenzutaten in einem Mixer zu einer Sauce und servieren Sie diese extra zum gut durchgemischten und durchgezogenen Salat.
Überstreuen Sie den Salat mit Kresse.

Gemüsepuffer mit Getreidesprossen

1 Tasse Weizen- oder
Roggensprossen,
1 Tasse Kichererbsen-
sprossen, püriert,
1 Tasse Möhren, sehr fein
gerieben,
½ Tasse Zwiebeln, sehr
fein gehackt,

½ Paprikaschote, sehr fein
gewürfelt,
Salz nach Geschmack,
¼ TL Cayennepfeffer,
1 Prise Safran,
2 Tassen Pflanzenöl

Vermischen Sie alle Zutaten in einer Schüssel und kneten
Sie sie gut durch.

Formen Sie mit feuchten Händen Bällchen. In einer
Friteuse das Öl erhitzen und die Bällchen nacheinander
hineingeben. Die etwa pflaumengroßen Bällchen brauchen ca. 5 Minuten, bis sie knusprig braun sind.

Fischbuletten mit Weizensprossen

3 Tassen gegartes
Fischfilet,
2 EL Öl,
4 Schalotten, sehr fein
gehackt,
1 Karotte, gerieben,

1 Tasse Weizensprossen,
durchgedreht,
2 EL Vollkornmehl,
1 TL Ingwer, gerieben,
Salz nach Geschmack

Dünsten Sie die Schalotten und die Karotten im Öl. Dann alle Zutaten in einer Schüssel vermischen und aus der Masse kleine Bällchen formen.
Backen Sie diese Kugeln in heißem Fett goldbraun.

Möhrenbällchen mit Weizensprossen

3 Tassen geraspelte
Möhren,
1 Zwiebel, gerieben,
½ Tasse Vollkornmehl,

1 Tasse Weizensprossen,
durchgedreht,
Pfeffer nach Geschmack,
1 kleine Knoblauchzehe,
gepreßt

Alle Zutaten vermischen und kleine Bällchen daraus formen. Die Möhrenbällchen in schwimmendem Fett ausbacken.

Sonnenbrot

Wenn Sie ein Sonnenbrot bereiten, bewegen Sie sich auf den Spuren unserer frühesten Vorfahren. Schon unsere Ahnen wußten von der Kraft geweichten Korns, sie mahlten es auf Steinen und setzten es dort der Sonne aus. Mit dem Brot aßen sie auch die Kraft der Sonne.

4 Tassen geweichte Weizenkörner

Drehen Sie die geweichten Körner durch den Fleischwolf. Formen Sie kleine dünne Fladen oder geben Sie die Masse auf ein gefettetes Kuchenblech.

Die Fladen zum Trocknen in die Sonne oder an einen sehr warmen Platz, aber nicht in den Ofen stellen. Wenn die Oberfläche angetrocknet ist, das Sonnenbrot wenden.

Der ganze Vorgang kann, je nach Temperatur, ca. 24 Stunden dauern. Je länger das Brot trocknet, desto intensiver wird sein Geschmack.

Als *Varianten* können Sie den Weizen mit Kümmel, Sesam oder Thymian mischen. Ebenso können Sie getrocknete Früchte oder geriebene Gemüse wie Möhren, Sellerie oder Zwiebeln beimischen.

Weißbrot mit Weizensprossen

1 Tüte Hefe,
1 Tasse Wasser,
1¼ Tassen Milch,
2 EL Pflanzenfett,

1 EL Honig
2 TL Salz,
6 Tassen Vollkornmehl,
1 Tasse Weizensprossen

Die Hefe in lauwarmen Wasser auflösen; das Fett in einer Schüssel auf dem Ofen schmelzen und die Milch, den Honig und das Salz hinzugeben. So erhalten Sie von selbst die richtige Temperatur, in der sich die Hefe am besten entfaltet. Die beiden Flüssigkeiten mit dem Mehl zu einer geschmeidigen Masse verarbeiten und die Weizensprossen hinzufügen.

Lassen Sie den Teig an einem warmen Platz 45 Minuten gehen und pressen Sie ihn dann in zwei gefettete Formen. Backen Sie die Brote 10 Minuten bei 200° C. Dann die Hitze auf 175° C reduzieren und das Brot weitere 40 Minuten garen lassen.

Weizensprossensalat

2 Tassen Weizensprossen,
1 kleine geriebene Möhre,
1/8 Sellerieknolle, gerieben,
1/4 Paprika, klein
geschnitten,
2 Schalotten, gerieben,
3 EL Kressesprossen,
1 TL Senfsprossen,
1 Tasse gekochter Reis

Sauce:
4 EL Öl, kalt gepreßt,
3 EL Parmesan, gerieben,
Salz und frisch gemahlener
Pfeffer nach Geschmack,
1 EL Weinessig,
2 EL Weißwein, herb,
1 Prise Thymian,
gemahlen,
1 Knoblauchzehe, gepreßt

Die Salatzutaten in einer Schüssel gut durchmischen.
Für die Sauce den Parmesan mit dem Öl glattrühren und
würzen.
Gießen Sie die Sauce über den Salat, der besonders gut
durchziehen soll.

Weizensprossen mit Frischkäse als Appetithappen

1 Tasse Weizensprossen,
½ Tasse Luzernen-
sprossen,
1 Tasse Frischkäse,
1 TL Zitronensaft,

grob gemahlener Pfeffer
nach Geschmack,
1 Tasse Sesamsamen,
püriert

Drehen Sie die Weizen- und Luzernensprossen durch den Fleischwolf und verkneten Sie die Masse mit dem Frischkäse. Formen Sie daraus Kugeln und wenden Sie diese im Sesamsamenpüree. Diese Menge ergibt etwa ein Dutzend Kugeln, die besonders gut schmecken, wenn sie eine Zeitlang im Kühlschrank gekühlt worden sind.

Gemüsekuchen mit Weizensprossen

2 EL Sesamöl,
2 Chicorée, der Länge nach geschnitten,
1 Stange Lauch, in Ringe geschnitten,
2 Stangen Staudensellerie, in feine Streifen geschnitten,
½ Tasse Linsensprossen,

2 Tassen Weizensprossen,
3 EL Vollkornmehl,
½ Tasse Milch,
3 Eier, verquirlt,
Salz nach Geschmack,
1 Knoblauchzehe, gepreßt,
5 Scheiben frischer Holländer Käse,
5 EL Crème fraîche

Den Ofen auf Mittelhitze vorheizen. Die Gemüse kurz in einer Eisenkasserolle andünsten. Die Weizenkeime durch den Fleischwolf drehen, Mehl und Milch untermischen und die Masse würzen.

Eine gefettete Form mit dem Teig auslegen, die Gemüse darüberbreiten und die Zutaten mit dem Käse und der Sahne abdecken.

Garen Sie das Gericht 25 Minuten im Ofen.

Vor dem Servieren die Kressesprossen über die Käsekruste streuen.

Weizensprosseneintopf

4 EL Pflanzenöl,
2 Tomaten, geviertelt,
2 Zwiebeln, gehackt,
½ Tasse Paprika,
gewürfelt,
½ Tasse Blumenkohl, fein
gewürfelt,
½ Tasse Möhren,
gewürfelt,
1 Tasse Linsensprossen,
½ Tasse Kichererbsen-
sprossen,
1 Tasse grüne Bohnen,
geschnitten,

2½ Tassen Weizen-
sprossen,
1 Prise Safran,
1 Prise Nelken, gemahlen,
1 Prise Zimt,
2 zerbröckelte Lorbeer-
blätter,
5 Tassen Wasser, mit
2 TL Salz gesalzen,
½ Tasse Rosinen,
½ Tasse Cashewnüsse,
grob gehackt

Den Ofen auf 120° C vorheizen. In einem Eisentopf die
Gemüse kurz in heißem Öl andünsten. Vom Rand her das
Wasser aufgießen und die Weizensprossen in den Topf
gleiten lassen; dann die Gewürze hinzufügen.
Das Gericht einmal gut aufkochen lassen und dann für 50
Minuten in den Ofen geben.
Rühren Sie die Rosinen und die Nüsse mit Holzlöffeln in
das Gemüse.
Ein köstliches Winteressen!

Gekochte Weizensprossen – für den empfindlichen Magen

2 Tassen Weizensprossen,
1 l Wasser,
Salz nach Geschmack,

¼ l süße Sahne,
geschlagen,
1 Prise Zimt

Die Sprossen in leichtem Salzwasser aufkochen, dann die Hitze auf die kleinste Stufe stellen. Nach einer Stunde servieren Sie das Gericht mit der mit Zimt abgeschmeckten Sahne.

Linsen (Lens esculenta)

Schon in der Prähistorie, in der Bibel und in der Geschichte der Indianer begegnet uns das Linsengericht. Linsen sind sehr preiswert und nahrhaft. Sie bestehen zu einem Viertel aus Protein, haben beträchtliche Anteile an Vitamin B, Eisen und Phosphor sowie den Vitaminen C und E. Alle diese Elemente vermehren während des Keimprozesses ihre Energie.

Sprießmethode: Glas
Einweichzeit: 12 Stunden
Temperatur: 22–30° C
Gießen: 2- bis 3mal täglich
Ernte: nach 3 Tagen
Länge des Keimlings: 3 cm
Ertrag: 1 Tasse Samen ergibt 6 Tassen Sprossen

Linsensprossen können bis zu 6 Tagen gezüchtet werden. Essen Sie die Sprossen, wenn sie Ihnen am besten schmecken.

Ananas-Linsensprossen-Salat

1 reife Ananasfrucht,
2 Tassen Linsensprossen,
1 großer Apfel, gerieben,
Salz nach Geschmack,
1 Prise Kreuzkümmel,
2 TL Senfsprossen,
1 Prise Kurkuma,
1 Prise gemahlener
Koriander,
2 Tomaten, in Würfel
geschnitten

Sauce:
2 EL Weinessig,
6 EL Öl, kalt gepreßt,
1 TL Tamarisauce,
1 Knoblauchzehe, gepreßt,
2 EL trockener Weißwein,
Salz und frisch gemahlener
Pfeffer nach Geschmack

Schälen Sie die Ananas und schneiden Sie das Fruchtfleisch in Stückchen. Vermischen Sie nun das Ananas-
fruchtfleisch mit dem Apfel und den Linsensprossen in
einer Schüssel und würzen Sie die Mischung. Verquirlen
Sie die Saucenzutaten und gießen Sie die Sauce über den
Salat. Gut durchziehen lassen.
Dieser Salat ist eine herrliche Vorspeise.

Rosenkohlsalat mit Linsensprossen

2 Tassen Rosenkohl, leicht gekocht,
2 Tomaten, in Würfel geschnitten,
2 Tassen Linsensprossen
Spinatsalatsauce:
½ Tasse Sahne,
1 Handvoll Spinatblätter,
1 mittelgroße Tomate,
½ Avocado,
1 EL Zitronensaft,
Pfeffer und Salz nach Geschmack,
½ Knoblauchzehe, gepreßt

Die Salatzutaten in einer Schüssel vermischen. Den Spinat zerpflücken und die Tomate abziehen. Die Saucenzutaten, beginnend mit der Sahne, in den Mixer geben und pürieren.
Den Salat und die Sauce extra servieren.

Bleichselleriesalat mit Linsensprossen

2 kleine Stangen Bleich-
sellerie,
1½ Tassen Linsensprossen,
2 kleine Tomaten, in Stückchen geschnitten,
½ Tasse Käsewürfel,
½ grüne Paprikaschote, in
feine Streifen geschnitten

Senfsprossensauce:
3 EL Sesamöl,
4 EL Crème fraîche,
3 EL Weinessig,
1 Knoblauchzehe,
gepreßt,
Pfeffer und Salz nach
Geschmack,
2 EL Senfsprossen

Die Selleriestangen in 5 cm große Stücke schneiden und
die Salatzutaten vermischen. Schlagen Sie die Saucenzutaten zu einer weichen Creme. Den Salat in Glasschalen
füllen und mit der Sauce übergießen.
Streuen Sie die würzigen Senfsprossen über den Salat.

Krautsalat mit Linsensprossen

6 Weißkohlblätter, fein
geschnitten,
1 Tasse Sauerkraut,
1 Tasse Linsensprossen,
1 Tomate, gehäutet und in
Würfel geschnitten
Sauce:
2 Frühlingszwiebeln, in
feine Ringe geschnitten,

4 EL Öl,
2 EL Apfelessig,
1 Prise gemahlener
Kümmel,
Salz nach Geschmack,
2 EL Schnittlauch, gehackt,
zur Dekoration:
Grüne Salatblätter

Vermischen Sie die Salatzutaten in einer Schüssel.
Die Frühlingszwiebeln im Öl sehr kurz andünsten und mit
dem Essig ablöschen.
Die Sauce würzen und warm über die Salatgemüse geben.
Gut durchziehen lassen.
Verteilen Sie den Krautsalat auf Salatblätter und bestreuen
Sie ihn vor dem Servieren mit Schnittlauch.

Gurkengeschnetzeltes mit Linsensprossen

2 Salatgurken,
10 große Champignons, in
Scheiben geschnitten,
1½ Tassen Linsensprossen,
3 EL Öl,

1 Prise Muskat,
Salz nach Geschmack,
125 g Crème fraîche,
2 EL Dillkraut

Die geschälten Gurken halbieren und entkernen, in 2 cm breite Scheiben schneiden.

In getrennten Töpfen dünsten Sie die Gurken und die Champignons. Dann fügen Sie die Gemüse einschließlich der Linsensprossen zusammen und lassen sie in der gewürzten Crème fraîche einmal aufkochen.

Vor dem Servieren das Gericht mit Dill überstreuen.

Makkaroni mit Linsensprossen

250 g Makkaroni aus Buch-
weizen,
2 EL Pflanzenöl,
4 EL Gruyère (Emmen-
taler),
Salz und Pfeffer nach
Geschmack,
1½ EL Pflanzenöl,
1 Zwiebel, gehackt,

10 Champignons,
geschnitten,
4 EL frisches Tomatenpüree
oder 2 EL Tomatenmark
aus der Dose,
Salz und Pfeffer nach
Geschmack,
2 Tassen Linsensprossen,
2 EL frische Petersilie

Die Nudeln in Salzwasser garen und abgießen.
Im selben Topf das Öl heiß werden lassen und die
Makkaroni in diesen zurückgeben. Würzen und mit dem
Käse bestreuen.
In einer kleinen Kasserolle die Zwiebeln und die Champi-
gnons kurz in Öl andünsten. Mit dem Tomatenpüree
ablöschen, würzen, die Linsensprossen dazugeben und
zusammen mit den Pilzen wärmen.
Die Gemüse über die Nudeln geben.
Servieren Sie dieses Gericht in einer Schüssel, bestreut mit
Petersilie oder Kressesprossen.

Apfelsinen-Chicorée-Salat mit Linsensprossen

4 Chicorée,
1 Orange, klein
geschnitten,
1 Tasse Linsensprossen
Sauce:
1 Töpfchen Joghurt,

½ Zitrone, ausgepreßt,
1 TL Honig,
Pfeffer und Salz nach
Geschmack

Schneiden Sie den Chicorée in feine Streifen und vermischen Sie dann alle Salatzutaten.
Bereiten Sie die Sauce und gießen Sie diese über den Salat.

Sauerkrautsalat mit Linsensprossen

3 Tassen Sauerkraut,
1½ Tassen Linsensprossen,
1 EL Öl,
2 kleine Stangen Lauch,
fein geschnitten,
1 kleine Möhre, geraspelt,
1 kleiner Apfel, gewürfelt

Sauce:
4 EL Öl, 2 TL Honig,
2 EL Zitrone,
1 kleine Zwiebel,
gerieben,
2 EL Sojasauce,
2 EL Senfsprossen

Sautieren Sie die Lauchscheiben im Öl und vermischen Sie die Salatzutaten in einer Schüssel.
Die Salatsauce anrühren und über den Salat gießen.
Servieren Sie den Salat mit Senfsprossen bestreut.

Apfel-Blumenkohl-Salat mit Linsensprossen

1 kleiner Blumenkohl, roh,
geraspelt,
2 Äpfel, in feine Streifen
geschnitten,
1½ Tassen Linsensprossen,
Saft von ½ Zitrone,
2 EL Petersilie, gehackt

Sauce:
½ Avocado, püriert,
2 EL Zitrone,
2 EL Sesamöl, 3 EL Sahne,
Pfeffer und Salz nach
Geschmack,
1 Knoblauchzehe, gepreßt

Beträufeln Sie den Apfel und den Blumenkohl mit dem
Zitronensaft. Bereiten Sie dann die Salatsauce.
Streuen Sie die Petersilie über den Salat und reichen Sie
die Sauce extra dazu.

Selleriesalat mit Linsensprossen und Senfsprossen

1 Sellerieknolle,
2 kleine Äpfel, ge-
würfelt,
2 EL Zitronensaft,
1 kleine Zwiebel, fein
gewürfelt,
2 EL Linsensprossen,
3 EL Senfsprossen

Sauce:
1 Joghurt,
3 EL Crème fraîche,
1 EL Sesamöl,
1 EL Zitronensaft,
1 Knoblauchzehe, gepreßt,
Pfeffer und Salz nach
Geschmack,
1 Spur Honig

Die Sellerieknolle schälen und auf der Rohkostraffel reiben.

Vermischen Sie die geschnittenen Äpfel, die Zwiebel und die Selleriestreifen mit dem Zitronensaft und lassen Sie alles gut durchziehen. Die Salatsauce aus den angegebenen Zutaten bereiten, die gesäuerten Zutaten mit den Linsensprossen vermischen und die Sauce darübergießen. Servieren Sie den Salat auf ausgebreiteten Salatblättern, bestreut mit Senfsprossen.

Kartoffelsuppe mit Linsensprossen

2 EL Öl, kalt gepreßt,
2 Stangen Lauch, fein
geschnitten,
6 Tassen Gemüsebrühe,
Salz nach Geschmack,

500 g Kartoffeln, geviertelt,
1 Tasse Milch,
1½ Tassen Linsensprossen,
2 EL saure Sahne,
3 EL Kressesprossen

Dünsten Sie die Lauchringe im Öl und gießen Sie dann mit Gemüsebrühe auf. Geben Sie die geschnittenen Kartoffeln dazu und lassen Sie die Suppe 30 Minuten sanft kochen. Die Kartoffel-Lauch-Masse wird nun durch ein Sieb gestrichen und in einem Topf aufgefangen. Diese Suppe nach Geschmack mit Milch verdünnen und erst dann die Linsensprossen zum Wärmen für etwa 3 Minuten hineingeben.

Rühren Sie kurz vor dem Servieren die Sahne unter und bestreuen Sie die Suppe mit der Kresse.

Sauerkrautsuppe mit Linsensprossen

80 g Trockenpilze (Shiitake), in 2 Tassen Wasser geweicht,
4 EL Öl,
3 Knoblauchzehen, fein gehackt,
1 Möhre, in feine Streifen geschnitten,
1 Stange Bleichsellerie, in Würfelchen geschnitten,
1 Frühlingszwiebel, in Ringe geschnitten,
3 Tomaten, im Mixer püriert,
4 Tassen Wasser,
700 g Sauerkraut,
eine Prise Kümmel, gestoßen,
3 EL Rotwein,
Pfeffer und Salz nach Geschmack,
½ EL Honig,
1½ Tassen Linsensprossen, in Dampf gewärmt

Die Pilze in feine Streifen schneiden und im Öl mit allen geschnittenen Gemüsezutaten dünsten.

Gießen Sie dann die 4 Tassen Wasser in einen Suppentopf und geben Sie die Pilzeinweichbrühe, das Sauerkraut, die gedünsteten Gemüse und das Tomatenmark dazu. Lassen Sie die Suppe 15 Minuten auf kleiner Flamme köcheln und schmecken Sie schließlich mit dem Rotwein und der restlichen Würze ab. Wärmen Sie die Teller an und servieren Sie darin die Sauerkrautsuppe mit den angewärmten Linsensprossen.

Kochen Sie die Suppe keinesfalls länger als angegeben.

Schafskäse mit Linsensprossen

Butter zum Ausstreichen der Form,
400 g Schafskäse,
3 Tomaten, fein gewürfelt,
1½ Tassen Linsensprossen,
6 Eier, verquirlt,
Salz und Pfeffer nach Geschmack,
2 EL Kressesprossen

Den Ofen auf 180° C vorheizen. Buttern Sie zunächst 4 kleine Keramikschalen. Dann den Käse zerbröckeln und in die Schalen geben. Den Käse zuerst mit den Linsensprossen und anschließend mit den Tomaten bedecken.

Schieben Sie die Töpfchen für 10 Minuten in den Ofen. Jetzt die mit Salz und Pfeffer gewürzten Eier in die Tontöpfchen gießen und alles erneut 10 Minuten im Ofen backen lassen.

Das Gericht mit den Kressesprossen bestreut servieren.

Zucchini mit Linsensprossen

3 Zucchini, in Scheiben geschnitten,
2 Tassen Linsensprossen,
3 EL Butter,

Pfeffer und Salz nach Geschmack,
3 EL Parmesan

Kochen Sie die Zucchini nur sehr kurz in Salzwasser und schrecken Sie sie dann kalt ab.

Die Butter in einem Topf zerlassen, die Gemüse kurz darin wenden und anschließend würzen.

Servieren Sie dieses Gericht mit Parmesan bestreut.

Auberginen mit Linsensprossenfüllung

4 kleine Auberginen,   *2 EL Öl,*
1 Tasse Linsensprossen,   *Pfeffer und Salz nach*
6 Scheiben Holländer   *Geschmack*
Käse,

Den Ofen auf Mittelhitze vorheizen. Die Auberginen der Länge nach halbieren, die Hälften mit der Schnittfläche nach unten in eine Pfanne legen und in heißem Öl anbraten.

Höhlen Sie die Auberginen aus, pürieren Sie das Fruchtfleisch und vermischen Sie es mit den Linsensprossen. Dann füllen Sie die Masse wieder in die Auberginen, decken die Schiffchen mit dem Käse ab, legen die Auberginen in eine feuerfeste Form und lassen sie 15 Minuten überbacken.

Chinakohl mit Möhren und Linsensprossen

1 kleiner Chinakohl,
2 Zwiebeln, fein
geschnitten,
1 Tasse Linsensprossen,
2 EL geriebene Möhren,
2 EL Krabben
Sauce:
1 Tasse Milch,

2 Tassen Gemüsebrühe
(s. S. 27),
Salz und Pfeffer nach
Geschmack,
1 Prise Ingwer,
1 TL Honig,
2 EL Weißwein,
3 TL Maisstärke

Den Kohl putzen und in feine Streifen schneiden, dann kurz mit heißem Wasser übergießen. Vermischen Sie die Zutaten der Sauce in einem Töpfchen und lassen Sie die Sauce dann bei kleiner Flamme 10 Minuten köcheln.

Die Zwiebeln und der Kohl werden im Öl gedünstet, die Möhren und die Linsensprossen hinzugefügt und gedünstet, bis sie fast gegart sind.

Die Sauce über die knackigen Gemüse gießen und das Gericht sofort servieren.

Dazu paßt ungeschälter Reis sehr gut, aber auch Nudeln, gekocht und gebacken, eignen sich gut als Beilage zu diesem Gemüse.

Überbackenes Kartoffelpüree mit Linsensprossen

500 g Kartoffelpüree (warm),
1 Tasse frisch geriebener Emmentaler,

2 Tassen Linsensprossen,
2 EL Crème fraîche,
1 Knoblauchzehe,
2 EL Kressesprossen

Ofen auf starke Hitze vorheizen. Das Püree in 2 Portionen teilen.

Fetten Sie eine feuerfeste Form und geben Sie mit dem Spatel die Hälfte des Pürees in die Form. Die Linsensprossen darübergeben und mit dem restlichen Püree zudecken.

Den Käse mit der Sahne vermischen und mit Knoblauch würzen.

Die Käsecreme über das Püree gießen und das Gericht ca. 15 Minuten überbacken.

Servieren Sie diese Speise mit frischen Kressesprossen überstreut.

Kichererbsen *(Cicer arietinum)*

Die nahrhaften Kichererbsen sind aus mexikanischen und spanischen Gerichten bekannt. Sie gehören zu den Früchten, die extreme Hitze vertragen, ohne zu verderben.

Neben einem hohen Proteinanteil enthalten die Samen auch viele Mineralien. Beim Keimen erhöht sich der Gehalt an Vitamin A und E sehr stark.

Kichererbsensprossen werden leicht bitter, deshalb sollten sie nicht älter als 2 bis 3 Tage sein.

Beim Einweichen dehnen sie sich enorm aus, deshalb genügend Platz berechnen!

Im Sommer sollten Kichererbsen viermal täglich gespült werden, weil sie leicht Gase entwickeln.

Keimmethode: Glas
Temperatur: 21° C
Gießen: 2mal täglich
Ernte: nach 2–3 Tagen
Einweichzeit: 12 Stunden
Ertrag: 1 Tasse Samen ergibt 3 Tassen Sprossen
Länge des Keims: $\frac{1}{2}$ –1 cm

Kichererbsensprossenpaste — eine sehr nahrhafte Vorspeise

¼ Blumenkohl,
1 Tasse Kichererbsen-
sprossen, püriert,
2 Knoblauchzehen,
gepreßt,
2 EL Sesamöl,

2 EL Sojasauce,
2 EL Zitronensaft,
2 EL Petersilie,
etwas Joghurt zum
Verdünnen

Blanchieren Sie den Blumenkohl und zerkleinern Sie ihn im Mixer mit dem Kochwasser zu einer Creme.
Anschließend werden die Zutaten nacheinander im Mixer verquirlt, so daß eine ziemlich dicke Paste entsteht.
Servieren Sie die Kichererbsenpaste mit Petersilie bestreut in kleinen Schalen. Essen Sie dazu Gemüse oder kleine Brotstückchen.

Kalte Kichererbsensprossensauce

2 Tassen Kichererbsen-
sprossen,
4 EL kalt gepreßtes Öl,
2 EL Zitronensaft,

2 EL Sesamsamen, 2 Tage
gesprossen,
2 TL Tamari

Füllen Sie alle flüssigen Zutaten in einen Mixer und geben
Sie dann die Kichererbsensprossen in kleinen Portionen
hinzu.
Diese Sauce ist eine wahre Köstlichkeit, zwar mächtig,
aber delikat. Sie paßt zu Salaten, Pfannkuchen und dergleichen.

Kichererbsencreme

2 Tassen Kichererbsen-
sprossen, 2 Tage gekeimt,
1 Tasse Sprudel,
2 EL Zitronensaft,

2 EL Kresse, gehackt,
1 Knoblauchzehe, gepreßt,
Salz und Pfeffer nach
Geschmack

Geben Sie das Wasser und den Zitronensaft in den Mixer
und pürieren Sie die Sprossen, dann die Paste würzen.
Als Knäckebrotaufstrich ist diese Creme ebenso unersetz-
lich wie als Saucendip zu Staudensellerie.

Sauerkraut mit Kichererbsensprossen

6 Tassen Sauerkraut,
5 getrocknete Morcheln,
2 Tassen Kichererbsen-
sprossen,

1 Tasse saure Sahne,
Salz und Pfeffer nach
Geschmack,
1 Frühlingszwiebel

Den Ofen auf Mittelhitze vorheizen. Köcheln Sie die Pilze eine Stunde in 3 Tassen Salzwasser. Um das Pilzkochwasser zu klären, dieses durch einen Papierfilter gießen.

Die Pilze in feine Streifen schneiden, das Sauerkraut 5 Minuten im Pilzsud wärmen.

Fetten Sie eine kleine feuerfeste Form, legen Sie die Hälfte des Sauerkrauts auf den Boden, schichten Sie Pilze und Kichererbsensprossen darauf und decken schließlich mit dem restlichen Sauerkraut ab. Gießen Sie die mit Salz und Pfeffer gewürzte Sahne über das Gemüse und lassen Sie das Gericht ca. 20 Minuten bei Mittelhitze backen.

Überstreuen Sie das Kraut mit feingeschnittenen Ringen der Frühlingszwiebel.

Tomaten, gefüllt mit Kichererbsenpüree

4 große Tomaten,
1 Zwiebel, fein gewürfelt,
1 EL Öl,
1 Knoblauchzehe,
2 EL Zitronensaft,
1 Prise Rosmarinpulver,
gestoßen,
1 Prise Majoran,

2 EL Parmesan,
Salz und Pfeffer nach
Geschmack,
1 Tasse Kichererbsen-
sprossen, püriert,
2 EL Paniermehl,
2 Eigelb,
2 EL Petersilie

Schneiden Sie Deckel von den Tomaten und höhlen Sie sie aus. Legen Sie die Tomaten mit der Öffnung nach unten in ein Gefäß, damit die Feuchtigkeit ausläuft.

Die Zwiebelchen sautieren und das Kichererbsenpüree mit den Gewürzen vermischen, das Ei und die übrigen Zutaten beigeben. Die Tomaten mit der Masse füllen und in eine gefettete Auflaufform stellen.

Backen Sie die Tomaten 20 Minuten im Rohr bei Mittelhitze.

Vor dem Servieren mit Petersilie bestreuen.

Karotten-Kichererbsen-Gemüse

2 Tassen Kichererbsen-
sprossen,
2 Tassen Karottenstifte,
1 Zwiebel, fein ge-
schnitten,
2 Tassen Chinakohl, fein
geschnitten,
1 kleiner Apfel, in feine
Würfel geschnitten,

3 EL Öl,
2 Tassen Gemüsebrühe
(s. S. 27),
2 EL Stärkemehl,
Salz und Pfeffer nach
Geschmack,
1 Prise Muskat,
2 Eigelb,
2 EL Schnittlauch

Köcheln Sie die Kichererbsensprossen 10 Minuten auf kleiner Flamme. Die Gemüse getrennt im Öl sautieren. Bereiten Sie eine Sauce aus 2 Tassen Gemüsebouillon, in die Sie das im Wasser aufgelöste Stärkemehl gerührt haben. Die gedickte Sauce würzen und mit dem Eigelb binden; die Gemüse hineinrühren.

Vor dem Servieren mit Schnittlauch bestreuen.

Gebackene Käsecreme mit Kichererbsen

1½ Tassen pürierte Kichererbsen,
1½ Tassen geriebener, frischer Holländer Käse,
½ l Milch,

1 verquirltes Ei,
Salz und gemahlener Pfef-
fer nach Geschmack,
2 EL Senfsprossen

Den Ofen auf 150° C vorheizen. Den Käse unter gleich-
mäßigem Rühren bei niedriger Temperatur in einem Topf
mit der Milch auflösen. Die Milch darf dabei nicht
kochen. Wenn der Käse geschmolzen ist, den Topf vom
Herd nehmen und die Eier hineinrühren. Anschließend
würzen und die Kichererbsen hinzugeben.
Die Mischung in eine kleine, gefettete Auflaufform gießen
und 20 Minuten backen.
Dekorieren Sie die Creme mit den Senfsprossen. Diese
Vorspeise ist sehr mächtig und wird mit Brot serviert.
Variante: Teilen Sie die Masse in 4 gefettete Keramikschalen auf und backen Sie sie 10 Minuten im Ofen.

Blumenkohlauflauf in Kichererbsensauce

1 mittelgroßer Blumen-
kohl,
1 Tasse Kichererbsen-
sprossen,
2 Tassen Blumenkohl-
wasser,

2 Eiweiß,
Pfeffer aus der Mühle,
Salz nach Geschmack,
1 Frühlingszwiebel, sehr
fein geschnitten,
2 EL Kresse

Ofen auf 200° C vorheizen. Den Blumenkohl in Röschen
teilen und 5 Minuten in kochendem Wasser ziehen
lassen. Kalt abschrecken.

Nun die Kichererbsensprossen pürieren und im Blumen-
kohlwasser 10 Minuten auf kleiner Flamme kochen. Das
Eiweiß zu Schnee schlagen und unter die Kichererbsen-
masse ziehen; anschließend würzen.

Buttern Sie eine Auflaufform und legen Sie die Blumen-
kohlröschen hinein, dann die Kichererbsensauce darübergießen.

Das Gericht wird 15 Minuten im Ofen bei Mittelhitze
überbacken.

Vor dem Servieren den Auflauf mit den Frühlingszwiebeln
und der Kresse überstreuen.

Kichererbsensprossenbällchen

2 Tassen Kichererbsen-
sprossen püriert,
1 Tasse Zwiebeln,
gerieben,
1 Tasse Möhren, gerieben,

½ Tasse Vollkornmehl,
1 Eigelb
Salz und Pfeffer nach
Geschmack,
10 Walnüsse, halbiert

Mischen Sie alle Zutaten zu einer dicken Paste und formen Sie dann kleine Bällchen, indem Sie je eine halbe Walnuß mit der Masse ummanteln.

Die Kugeln in heißem Fett ausbacken, bis sie goldbraun sind.

Kichererbsenkuchen

Teig:
1 Tasse Mehl, ungebleicht,
4 EL Crème fraîche,
Salz nach Geschmack
Belag:
1 EL Öl,
1 mittelgroße Zwiebel, fein
gehackt,
1 Tasse geraspelte Möhren,
1 Stange Lauch, in feine
Scheiben geschnitten,
1 Tomate gewürfelt,
½ Paprikaschote, klein
gewürfelt,
½ Tasse Linsensprossen,
2 Tassen Kichererbsen-
sprossen,
1 Tasse Mineralwasser,
1 Knoblauchzehe, frisch
gepreßt,
Pfeffer und Salz nach
Geschmack,
1 Töpfchen Crème fraîche

Aus den angegebenen Zutaten einen festen Teig kneten und diesen eine Stunde ruhen lassen.

Den Teig sehr dünn ausrollen und damit eine gefettete Form auslegen.

Den Ofen auf 220° C vorheizen. Die kleingeschnittenen Gemüse außer den Linsen werden kurz gedünstet. Die Kichererbsensprossen mit Mineralwasser im Mixer zerkleinern. Alle Zutaten in einer Schüssel vermischen und würzen.

Verteilen Sie dann die Masse auf dem Teig und backen Sie den Gemüsekuchen bei Mittelhitze 30 Minuten im Ofen. Essen Sie den Kuchen warm mit der pikant gewürzten sauren Sahne.

Geschmorte Kichererbsensprossen

2 EL Pflanzenöl,
2 Knoblauchzehen, fein
gehackt,
2 Zwiebeln, fein gehackt,
1 EL Tomatenmark,
2 Tomaten, im Mixer
püriert,

1 EL Rotweinessig,
Salz und Pfeffer nach
Geschmack,
1 Paprikaschote, fein
gewürfelt,
4 Tassen Kichererbsen-
sprossen

In einem Eisentopf werden die Knoblauchzehen und die
Zwiebeln gedünstet, bis sie goldbraun sind.
Mit einer Tasse Wasser ablöschen und die Zutaten nacheinander in den Topf geben, zuletzt die Sprossen. Das
Gemüse soll auf kleiner Flamme 20 Minuten simmern,
dann ist die Flüssigkeit aufgesaugt. Die Sprossen sollen
noch trocken und knusprig sein.

Sauce:
1 Tasse Crème fraîche,
1 EL Zitronensaft,
Salz nach Geschmack,

2 EL Kressesprossen,
1 Knoblauchzehe, frisch
gepreßt

Die Zutaten verrühren und die Sauce kalt zu den Kichererbsen servieren.

Cremesuppe aus Kichererbsensprossen

4 Tassen Gemüsebrühe (s. S. 27),
2 Tassen Kichererbsen-sprossen,
1½ Tassen Crème fraîche,

1 Knoblauchzehe, gepreßt,
Pfeffer und Salz nach Geschmack,
2 EL Kresse,
2 EL Petersilie, fein gehackt

Geben Sie die Keime mit der Gemüsebrühe in den Mixer und schlagen Sie sie zu einem Püree. Auf kleiner Flamme die Masse ca. 10 Minuten ausquellen lassen.

Die Crème fraîche in die Suppe schlagen und würzen. Überstreuen Sie die Cremesuppe vor dem Servieren mit den Kräutern.

Als *Variante* können Sie statt der Kräuter eine gedünstete Zwiebel über die Suppe geben.

Quellennachweis

Viktoras Kulvinskas
›Leben und Überleben‹, Kursbuch ins 21. Jahrhundert,
F. Hirthammer Verlag

D. A. Phillips
›Gesunder Boden – gesunde Seele‹
Aurum Verlag

Dr. Ann Wigmore
›You Are Your Own Healer‹
Boston, Mass., USA, Exeter Street

Eydie Mae
›How I Conquered Cancer Naturally‹
Production House, 4307 North Euclid Avenue,
San Diego, Ca. 92115, USA

Alphabetisches Register

Register nach Sachgruppen

**Über alle bei Heyne erschienenen Kochbücher
informiert ausführlich das Heyne-Gesamtverzeichnis.
Sie erhalten es von Ihrer Buchhandlung
oder direkt vom Verlag.**

**Wilhelm Heyne Verlag, Postfach 20 12 04,
8000 München 2**